Zum Projekt "edition 2000"

Davon ausgehend, daß jeder Autor auch Leser ist und jeder kritische Leser ein potentieller Autor sein kann (dem meistens nur die Mittel zur wirkungsvollen Publizierung fehlen), stützt sich das Konzept dieses Verlagsprojekts auf die enge Verbindung von Leser, Verlag und Autor, die durch ständige Information über die Projektplanung der Titel, die wiederholte Aufforderung zur Mitarbeit an die Leser/Autoren sowie die unkonventionelle Methode der Buchproduktion und die inhaltsbezogene Reihengestaltung dauerhaft hergestellt werden soll.

Das in der Tendenz zensurhafte Anbieten von fraktionell ausgesuchten und für gut befundener Titel vieler linker Gruppen und Verlagsprojekte entschleiert sich mehr und mehr als Theoriefeindlichkeit und Ignoranz von originärem und phantasievollem Experimentieren auf materialistisch-historischer Grundlage; das utopische Element als konkrete Zukunftsmöglichkeit bleibt außerhalb der Diskussion.

Illusionslose und unverfälschte Berichte aus der Praxis solidarisch zusammenarbeitender Individuen, die dennoch eindeutig Parteilichkeit beinhalten, gibt es nur in Ausnahmen (zB: Veröffentlichungen des Sozialistischen Büros in Offenbach oder Texte aus dem Merve Verlag, Berlin).

Die "edition 2000" bietet sich als Plattform denjenigen an, die politischer Bevormundung gleichwelcher Seite auch im Verlagswesen widerstehen wollen und Veränderung nicht lautstark und gekünstelt mit Worten (also abgehoben von jeder Form von tatsächlich verändernder Praxis) aber auch nicht mit dem Hammer in der Faust (also aktivistisch auf der Basis von Theorielosigkeit) herbeiträumen, sondern die mit Phantasie und Mut solidarisch dazu beitragen wollen, daß sich die "Freiheit des Subjekts" in einer befreiten Gesellschaft realisieren kann und der Kampf in den Köpfen mit dem Kampf auf der Straße in Einklang gebracht wird.

afa

edition »2000 lädt ein und fordert zur Mitarbeit auf

¤ die projekte ¤

theorie + kritik

arbeiten zur wissenschaftstheorie und wissenschaftspraxis

theorie + praktische kritik

texte zur theorie einer materialistischen wissenschaft
+ schriften zur politischen praxis

x: 2000

berichte zu experimenten aus der gesellschaftlichen praxis (sozialarbeit / kinderladenarbeit / experimente mit randgruppen)

poloek 2000

texte zur kritik der politischen ökonomie
(reprints von klassikern vor + nach marx / bürgerliche marxkritik / aktuelle + neuere arbeiten zur kritik der politischen ökonomie – diplomarbeiten, dissertationen etc)

ante 2000

spezialitäten + raritäten mit literarischem, wissenschaftlichem und künstlerischem Inhalt
(reprints + neuausgaben teils nicht mehr reproduzierbarer schriften / revolutionäre romane / klassische comics etc)

forum 2000

diskussionsbeiträge zu konkreten utopien (extrapolationen/ innovationen / inventionen / pläne)

DAS ELEND MIT DER KOMPENSATORISCHEN ERZIEHUNG

Ein Beitrag zur Beendigung einer fruchtlosen Diskussion

Monika Meier
Frohmut Menze
Annemarie Torff

Verlag Andreas Achenbach

Herrn Amtmann a. D. Walter Sturm und Frau Hildegard, die immer ein Glas Wein für uns bereithalten.

ISBN 3-87958-107-X
theorie + praktische kritik 7
2. Auflage (4.–6. Tsd.) September 1973
1. Auflage (1.–3. Tsd.) März 1973

Printed in Germany (GFR)
Druck Osswald GmbH Garbenheim

Inhalt Seite

Seite

Seite

Seite

Seite

Einleitung

Die Diskussionen vor allem innerhalb der Studentenbewegung über Fragen kompensatorischer Erziehung oder - weiter gefaßt - über die Möglichkeit politischer Arbeit im Ausbildungssektor, enden zumeist mit einem geheimnisvollen Hinweis auf eine "Dialektik zwischen Reform und Revolution". Daß die Diskussionen an diesem Punkt zu enden pflegen, ist kein Zufall, sondern die Konsequenz einer erst in Ansätzen vorliegenden Analyse spätkapitalistischer Systeme, die noch keine exakte Trennung zwischen systemstabilisierenden und systemtranszendierenden Reformen ermöglicht.

Andererseits hat die Studentenbewegung aus ihren Mißerfolgen gelernt. Der unverhohlene Beifall der Bourgeoisie gegenüber der "antiautoritären Erziehung" hat sie mißtrauisch gemacht. Die technokratische Hochschulreform hat ihr gezeigt, daß sie den Augiasstall feudaler Ordinarienuniversität nicht für das Wohl des Volkes ausgemistet hat, sondern ihn als Dienstleistungsbetrieb für die Herrschenden erst richtig funktionsfähig zu machen begonnen hat. Die Studentenbewegung hat auf diese Erkenntnis mit einer Rückbesinnung auf die Theorie reagiert. Sie ist jetzt in Gefahr, hierbei stehenzubleiben und jenen Seminarmarxismus zu betreiben, der sich z. T. auch in dieser Arbeit findet, ohne die Verbindung zu einer Praxis zu suchen, wie sie sich vor allem in der Organisationsfrage ausdrückt.

Wir versuchen in unserer Arbeit, die theoretische Diskussion um Fragen der kompensatorischen Erziehung und ihrer vermeintlich emanzipatorischen Inhalte abzukürzen, indem wir uns um eine grundsätzliche Einschätzung der Sprachbarrierentheorie bemüht haben, die den Bildungs- und Ausbildungssektor nicht als Ursache, sondern als Ausdruck gesellschaftlicher Verhältnisse begreift. Alternativen können daher - das ist das Ergebnis dieser Arbeit - nicht mehr zu Sprachprogrammen, sondern nur noch zu den objektiven Strukturbedingungen formuliert werden.

Der erste Teil der Arbeit, eine politische Ökonomie des Ausbildungssektors, soll eine grundsätzliche Einordnung der Vorschulerziehung in den gesellschaftlichen Produktions- und Reproduktionsprozeß ermöglichen. Dieser Teil hat vor allem einführenden Charakter und bemüht sich, seine Problemstellung ohne spezifische Vorkenntnisse der Leser zu erläutern.

Im zweiten Teil werden die soziologischen Implikationen der Code-Theorie ausführlich dargestellt und vor allem das Konzept der Ich-Identität von HABERMAS, OEVERMANN und KRAPPMANN einer Kritik unterworfen, die ihre Kriterien mit Hilfe marxistischer Kategorien zu gewinnen sucht. Diese haben uns auch zu einer Änderung unserer prinzipiellen Einschätzung der Sprachbarrierenproblematik geführt. Und vermeinten wir zu Beginn unserer Arbeit noch bei intensivem Literaturstudium in irgendeinem Winkel "Didaktische Hinweise zu emanzipatorischer Sprachschulung" wie die von GUTT/SALFFNER (Sozialisation und Sprache, Ffm. 1971) zu finden, so hat uns inzwischen längst die Wirklichkeit überholt und eines Besseren belehrt: Die Hamburger Beschlüsse der Ministerpräsidenten der Länder, der Wehrkundeerlaß des Baden-Württembergischen Kultusminister Hahns und der Fall TOPP [1)] in Heidelberg zeigen bereits dort die Grenzen für emanzipatorischen Unterricht, wo er noch gar nicht begonnen hat. So stellt sich die Sprachbarrierenproblematik nicht einmal mehr als scholastisches Problem, als das wir es in unserer Arbeit noch behandelt haben.

Das wird vor allem im dritten Teil unserer Arbeit deutlich. Gingen wir hier zunächst an die Sprachmappen SCHÜTTLER-JANIKULLAs mit der Hoffnung daran, aus schlechten Beispielen lernend zu Gegenmodellen vorzustoßen, so hat sich bei der prinzipiellen Behandlung der Problematik im ersten und zweiten Teil und spätestens bei der Widersprüchlichkeit eines OEVERMANNs, der einerseits die Determiniertheit sprachlicher Benachteiligung durch objektive Strukturbedingungen konstatiert, sie andererseits durch kompensatorische Erziehung heilen möchte, gezeigt, daß die Widersprüchlichkeit einer Gesellschaft nicht dadurch aufgehoben wird, daß vereinzelte Lehrer an Arbeiterkinder die Aufforderung richten, komplexe Satzstrukturen zu generieren.

Die vorliegende Arbeit ist eine Zulassungsarbeit zum ersten Staatsexamen für das Lehramt an Grund- und Hauptschulen. Der Zwang zur individuellen Qualifikation und der Stellenwert der Arbeit als Zulassungsarbeit erklären

---

1) Siehe dazu: Eingriff des Oberschulamtes in die Gewerkschaftsarbeit, HD 1972

möglicherweise manche Schwäche, ohne daß damit die Vorläufigkeit der Ergebnisse ausreichend erklärt ist. Andererseits meinen wir eben auch, daß über eine prinzipielle Einschätzung hinaus eine intensivere Beschäftigung mit der Sprachbarrierenproblematik das Problem auch nicht eindeutiger benennen kann und Energien bindet, die sinnvoller auf andere Weise eingesetzt werden können.

Oktober 1972

Frohmut Menze
Monika Meier
Annemarie Torff

Nachtrag zur 2. Auflage

Die Diskussion über Fragen der politischen Ökonomie des Ausbildungssektors hat inzwischen eine Breite angenommen, die den 1. Teil dieser Arbeit insofern überflüssig werden läßt, als er keine neuen Aspekte zu bieten vermag. In dieser Hinsicht ist die Kritik, wie sie etwa Manfred BOSCH (in: päd. extra, Null-Nr. vom 15. 9. 73, S. 23) vorträgt, berechtigt.

Ihr soll auf diese Weise Rechnung getragen werden, als ich dem Leser, der beispielsweise die inzwischen zum Standardwerk gewordenen "Materialien zur politischen Ökonomie des Ausbildungssektors" von ALTVATER/HUISKEN (siehe unser Literaturverzeichnis) gelesen hat, anrate, mit der Lektüre gleich bei dem 2. Teil "Soziologische Implikationen der Code-Theorie" zu beginnen und allenfalls den Verweisen auf den ersten Teil nachzugehen, die sich in den beiden anderen Teilen befinden.

Dem Leser, der sich mit Fragen der Bildungsökonomie (und ihrer Kritik) bisher noch nicht befaßt hat, muß ich solange die Lektüre auch des 1. Teils empfehlen, wie die Diskussion über Fragen der politischen Ökonomie des Ausbildungssektors nicht auch an der Tiefe gewinnt, die ihr zweifellos noch fehlt.

September 1973

Frohmut Menze

1. Zur politischen Ökonomie des Ausbildungssektors

1.0 Vorbemerkung

Betrachtet man das wachsende Gewicht von Wissenschaft und Bildung in der öffentlichen Diskussion der letzten Jahre, so hat man den Eindruck einer gewissermaßen "naturwüchsigen" Entwicklung, deren wachsende Eigendynamik sich auf das Interesse einer politisierten Öffentlichkeit gründet. Kaum ein neueres Werk, das sich mit Aspekten der Sozialisation im weitesten Sinne beschäftigt, verzichtet auf Schlagworte wie "Chancengleichheit" und "Emanzipation", deren Verwirklichung man dem Bildungs- und Ausbildungssektor überantwortet, wobei deren inflationärer Gebrauch zu einer völligen Entleerung ihres ehemals wohl als beinahe obszön empfundenen Sinngehalts geführt hat.

Bei der Frage nach den Ursachen dieses Interesses führt der Rekurs auf eine "naturwüchsige" Entwicklung oder wachsendes gesellschaftliches Interesse nur zu einer tautologischen Erklärung (wachsendes Interesse führt zu wachsendem Interesse), doch ist die bisherige Diskussion vor allem über die Frage nach dem "warum" der Vorschulerziehung nur in Einzelfällen (hier vor allem bei ALTVATER, BAETHGE, HUISKEN, NYSSEN und Karl Heinz ROTH) über vordergründige, dabei aber durchaus einleuchtende Erklärungsversuche wie dem "Sputnikschock" in den USA (angeblich auslösendes Moment für Projekte wie "HEAD-START") und dem Bau der Mauer 1961, der in der BRD den "Zustrom qualifizierter Arbeitskräfte aus der DDR" stoppte, hinausgekommen.

Will man indessen zu einer angemessenen Einschätzung der Vorschulerziehung, besonders der "kompensatorischen", gelangen, muß man die Frage nach den Ursachen systematischer stellen:

Welche Funktion haben die institutionalisierten sogenannten "sekundären Sozialisationsinstanzen" (Vorschule und Schule) in dieser Gesellschaft?

Welche Aufgaben sind ihnen zugeordnet und warum?

Wir wollen im ersten Teil dieser Arbeit versuchen, diese Fragen zu beantworten.

Bei der Durchsicht der diesen Themenbereich behandelnden Literatur fällt vor allem eines auf:
Von dem früher die Diskussion beherrschenden Humboldtschen Bildungsideal des autonomen Individuums, des innengeleiteten Menschen, ist allenfalls noch in Einleitungen die Rede. Stattdessen rückt seit Mitte der 60er Jahre und damit schon mit Beginn der Diskussion über die westdeutsche Bildungspolitik (eingeleitet durch Georg PICHTs "Die deutsche Bildungskatastrophe") die Erkenntnis von der Bedeutung der "Bildung als Wachstumsfaktor" in den Mittelpunkt der Erörterung durch eine breite Öffentlichkeit. Waren bis dahin Fragen der Bildungsökonomie dem Bereich der Wirtschaftswissenschaften zugeordnet und wurden sie dort esoterisch abgehandelt, so fanden sie nun zunehmend Eingang in pädagogische Zeitschriften (so z. B. in die Zeitschrift für Pädagogik, 1/71 und 1/72 und in betrifft: erziehung 11/69) und in den staatlichen Entscheidungsprozeß (so z. B. in die Empfehlungen des Deutschen Bildungsrates).

1.1 Modelle der Bildungsplanung

Dieses wachsende Interesse an Fragen der Bildungsökonomie (wie es sich z. B. besonders deutlich im Wandel von der bildungstheoretisch zur bildungsökonomisch orientierten Didaktik zeigt - siehe dazu vor allem BECKER/JUNGBLUT 1972, S. 205-260 und HUISKEN 1972, S. 26-139) muß zurückgeführt werden auf das Bemühen der Wirtschaftswissenschaftler, den sogenannten Dritten Faktor zu quantifizieren und zu disaggregieren, wobei unter Dritter Faktor die (bisher weitgehend ungeklärte) Restgröße zu verstehen ist. Die Restgröße bezeichnet einen Sammelbegriff, der für zahlreiche Faktoren steht, "die sich schwer auf einen Nenner bringen lassen, nämlich alle Faktoren außerhalb der in Stunden gemessenen Arbeit und des durch irgendeinen Mengenindex zum Ausdruck gebrachten Realkapitaleinsatzes, die einen Einfluß auf die Höhe der Ausbringung haben" (BOMBACH, G.: "Quantitative und monetäre Aspekte des Wirtschaftswachstums", in: Hoffmann, W. G. (Hrg.): Finanz- und währungspolitische Bedingungen stetigen Wirtschaftswachstums, Berlin 1959, zitiert nach

HÜFNER 1969, S. 11). Oder, anders ausgedrückt: Die Restgrößenanalyse versucht mit Hilfe meßbarer Inputs (in der Regel die beiden Input-Produktionsfaktoren Arbeit und Kapital) einen möglichst großen Teil des Outputzuwachses einer Volkswirtschaft zu erklären. Der Teil des Zuwachses, der sich nicht auf die Faktoren Arbeit und Kapital zurückführen läßt, wird nun als "Dritter Faktor", "Restgröße", "Humanfaktor" oder einfach "Organisation" bezeichnet.
Die Annahme eines "Dritten Faktors" wurde also dadurch notwendig, daß die Ökonomen bis zu zwei Dritteln des Produktionswachstums nicht durch Vergrößerung der Faktoren Arbeit und Kapital erklären konnten. Doch ist allein durch die Annahme des Dritten Faktors, dem "measure of our ignorance", wie er selbstkritisch bezeichnet wird, noch nichts gewonnen. Erst die Disaggregierung in seine Bestandteile und deren Quantifizierung lassen eine aussagekräftigere Wachstumstheorie wahrscheinlicher erscheinen. Als zwei wesentliche Elemente dieser Restgröße wurden durch empirische Untersuchungen die Ausbildung der Arbeitskraft, d.h. seine Qualifikation, und die Forschung ermittelt.

Die methodisch anspruchvollste Studie, die den Beitrag des Faktors Bildung zum Wirtschaftswachstum im Rahmen der Restgrößenanalyse zu quantifizieren versucht, ist die des Amerikaners E.F. DENISON (The Sources of Economic Growth in the United States and the Alternatives before US, 1962). Seine Berechnungen "führen zu dem Ergebnis, daß die quantitative Zunahme der formalen Bildung in den USA zwischen 1929 und 1956 mit 23 % an der Wachstumsrate des gesamten realen Volkseinkommens und mit 42 % an der Wachstumsrate des realen Volkseinkommens pro Erwerbstätigen beteiligt war" (HÜFNER 1969, S. 37). (Zur Kritik an Denisons Studie siehe vor allem HÜFNER, ebenda und ALTVATER/HUISKEN 1971, S. 2-53, auch HUISKEN 1972, S. 140 ff.)

Hiermit lag die Bedeutung des Faktors Bildung für das Wirtschaftswachstum auf der Hand. Das allerdings erst seit kurzem. ALTVATER verweist dazu auf VIGIER/WAYSAND, "daß der Vertrag von Rom über die Bildung des Gemeinsamen Marktes (1958) die Wissenschaftsforschung nur als einen Aspekt der Kulturpolitik berücksichtigte. Das bedeutet, die wissenschaftliche Forschung wurde 1958 in Europa noch nicht als ein Mittel des wirtschaftlichen Wachstums erkannt" (zitiert nach ALTVATER/HUISKEN 1971, S. 36). Die sprunghafte Entwicklung der Bildungsökonomie zu einer eigenständigen Disziplin hat seine Ursache darin, daß "sich mit der Wachstumsproblematik ganz grundsätzlich die Existenzfrage des spätkapitalistischen Wirtschafts- und Gesellschaftssystem verbindet, ökonomisch wie politisch" (HIRSCH 1969, S. 12). Wie weit sich diese Einsicht bereits durchgesetzt hat, wird u. a. auch daran deutlich, daß im Rahmen der Entwicklungshilfe eine "angemessene (!) Verzinsung der dort mit ausländ. Hilfe entstehenden Produktionseinrichtungen nur bei vorhergegangener und begleitender Investition in den Bildungseinrichtungen zu erwarten ist" (Brockhaus Enzyklopädie, 1967, Band 2, S. 732).

Im folgenden werden wir uns nun kurz mit den beiden Hauptmodellen der Makroökonomie des Bildungswesens beschäftigen, deren Ergebnisse bereits Eingang in die Bildungsplanung gefunden haben, wobei wir uns mit einer knappen Charakterisierung der jeweiligen Methode begnügen werden. Allerdings werden wir in ausführlichen Exkursen je ein Modell der Makroökonomie des Bildungswesens (siehe 1.2 11) und der Mikroökonomie (siehe 1.3 1) behandeln, um über eine abstrakte Diskussion hinaus auch konkret die Unfähigkeit einer Wissenschaft aufzuzeigen, die da meint, gesellschaftliche Widersprüche durch Übersehen aus der Welt schaffen zu können.

Eine Schlüsselstellung in diesem Bereich nimmt hierbei das "Institut für Bildungsforschung in der Max-Planck-Gesellschaft" in Westberlin ein, dessen Abteilung Ökonomie unter der Leitung von Friedrich EDDING der Bildungsökonomie in der BRD wesentlich zum Durchbruch verholfen hat.

1.2 Zur Makroökonomie des Bildungswesens

1.2 1 Der "individual-demand-approach" [1]

Bei den angebotsorientierten Modellen der Bildungsplanung, zu denen neben dem "individual-demand-approach" auch der "social" oder "cultural-demand-approach" gehört, handelt es sich um eine Operationalisierung bildungspolitischer und verfassungsgemäßer Grundforderungen und Grundrechte.

Während im "individual-demand-approach" formal der konsumtive Aspekt der Bildung in der Weise erfaßt wird, daß der Bedarf an Ausbildungsplätzen "als eine Funktion der individuellen Nachfrage der privaten Haushalte nach Ausbildung auf den verschiedenen Stufen und Zweigen des gesamten Bildungssystems gefaßt" wird (HUISKEN 1972, S. 146), so werden im "social-demand-approach" die individuellen Bildungsvorstellungen durch die Kombination mit sozial und national wünschenswerten modifiziert. "So wird z.B. die Abiturientenquote nicht mehr als Funktion einer gegebenen Sozialstruktur und Bildungsmotivation aufgefaßt, sondern aus 'politisch determinierten Werten' (Widmeier) abgeleitet, die die Richtung, in die sich das Bildungswesen fortentwickeln soll, angeben" (HUISKEN 1972, S. 147). Damit soll der Nachteil des "individual-demand-approach", das bildungspolitische Verhalten der Vergangenheit zu prolongieren, vermieden werden.

Wir wollen uns nun im folgenden ausführlicher mit einem Aspekt des "individual-demand-approach" befassen, der in diesen Ansätzen allgemein vernachlässigt wird, nämlich der analytischen Trennung zwischen Wünschen und Erwartungen privater Bildungsnachfrage. Zeigt sich doch gerade in dieser Unterscheidung die Vordergründigkeit solcher Floskeln wie "Chancengleichheit" und "Bürgerrecht auf Bildung". Wer die tatsächlichen Zugänge zu den vorhandenen Bildungs- und Ausbildungsinstitutionen als einen Indikator für Bildungsbedürfnisse begreift, begeht nicht nur eine untersuchungstechnische Nachlässigkeit, sondern sitzt der Ideologie dieser Gesellschaft auf. Beispielhaft dafür ist die Studie von Wolfgang BERGER "Zur

---

1) Das "Privat-Nachfrage-Modell"

Theorie der Bildungsnachfrage. Ein Beitrag zur Identifizierung der Determinanten privater Nachfrage nach formaler Bildung" (Studien und Berichte des Instituts für Bildungsforschung in der Max-Planck-Gesellschaft, Band 19, Berlin 1969).

1.2 11 Exkurs: Zu Wolfgang BERGERs "törichter" Theorie der Bildungsnachfrage (BERGER 1969, S. 25) oder: Wenn die Pförtner (S. 62) Gelbsucht (S. 123) kriegen

In dieser Arbeit wird der Versuch unternommen, die private Nachfrage nach formaler Bildung zu "identifizieren", d.h. die Nachfragedeterminanten zu disaggregieren. Sie auch zu quantifizieren, dazu reicht die Materiallage in bezug auf die verfügbaren statistischen Daten in der BRD nach BERGERs Erkenntnis (S. 1) nicht aus.

Ziel seiner Arbeit ist es

1. Zur Erklärung des Verhaltens, speziell des Konsumverhaltens, individueller Haushalte beizutragen und
2. Anhaltspunkte für die Bestimmung des Ausmaßes aggregierter Bildungsnachfrage und ihrer Strukturierung zu liefern und Wege zur politischen Beeinflussung dieser Nachfrage aufzuzeichnen (BERGER, S. 4).

Die Berechtigung für seine Arbeit sieht BERGER darin, daß die traditionelle ökonomisch orientierte Bildungsplanung (vor allem der Manpower-Ansatz) vergeblich versucht hat, bildungsplanerische Daten aus Umfang und Struktur der Nachfrage nach qualifizierten Arbeitskräften abzuleiten (S. 133). "Diese Versuche können als gescheitert angesehen werden" (ebenda).

Da dieses Scheitern allgemein anerkannt ist (siehe stellvertretend die Bemerkung Friedrich EDDINGs im Vorwort zu ARMBRUSTER 1971: "Diese Mängel sind in allen analysierten Studien so schwerwiegend, daß eine Bildungsplanung auf ihrer Grundlage für jeden verantwortlichen Politiker zu einem unkalkulierbaren Risiko würde"), muß nach BERGERs Ansicht die Kenntnis der Faktoren vorausgesetzt werden, von denen das individuelle Bildungsverhalten abhängt. Erst auf diese Weise werden dann auch die von

BERGER angestrebten "Wege zur politischen Beeinflussung dieser Nachfrage" sichtbar.

"Um (dabei, - d. Verf.) die Gefahr der Blindheit gegenüber übergreifenden Zusammenhängen, die hinter der Realität liegen, zu vermeiden, wird dabei ein anderes Risiko eingegangen: auf Neuland falsche Wege einzuschlagen" (S. 24).

BERGER ist, wie wir zu beweisen werden versuchen, diesem Risiko voll erlegen, vermag er doch nicht einmal die Realität zu sehen, geschweige denn die "übergreifenden Zusammenhänge", die dahinter liegen. Seine Arbeit ist ein Musterbeispiel für eine Wissenschaft, die zwar einleitend stets auf die "Interdependenz aller Bereiche der Gesellschaft und des Bildungswesens" (S. 14) hinweist, auf eine genauere Untersuchung dieser Interdependenz aber großzügig verzichtet. Das gibt ihm dann auch die Möglichkeit, den Nutzentheoretikern vorzuwerfen, "mit Hilfe ihres neuen Forschungsinteresses aus der politischen Verantwortung zu flüchten" (BERGER, S. 6) (womit er zweifellos recht hat), aber ebenso zweifellos flüchtet BERGER vor ihnen her. Auch deshalb werden wir uns etwas ausführlicher mit ihm zu beschäftigen haben.

BERGER teilt die Faktoren, die das Bildungsverhalten der Individuen bzw. individueller Haushalte bestimmen, recht pragmatisch in solche, die bei den Individuen selbst (Konditionierung und Rentabilitätskalkül) bzw. in ihrer sozialen Umgebung liegen (Soziale Programmierung und Gruppenkonflikte) und in solche, die von Faktoren des Bildungsmarktes (Privilegierende Angebote und Nachfrage-neutrale Angebote) oder des Arbeitsmarktes abhängen (Einkommenserwartung und Qualifikationsstruktur).

Die Bildungsnachfrage der Individuen ist bei BERGER immer die Nachfrage nach "formaler" Bildung, die er gegen die "inzidentelle" Bildung absetzt. Unter formaler Bildung ist dabei "die in Bildungsinstitutionen vermittelte, organisierte, gelenkte und zeitlich quantifizierbare Bildung" gemeint, während unter "inzidenteller" Bildung "die nicht intendierten Bildungseffekte der interpersonalen Begegnung, in sozialen Gruppen, auch 'Learning on the Job' zu verstehen ist (S. 18). Gemessen wird diese

Nachfrage verblüffend simpel:
"Die Nachfrage eines Haushalts nach formaler Bildung wird an dem tatsächlichen Bildungsverhalten des Haushalts gemessen, das heißt dem formalen Abschluß, den Angehörige dieses Haushalts im bestehenden Bildungssystem erreichen" (S. 22/23). Eine Ausweitung des Nachfragebegriffes auf die latente Nachfrage, die unserer Forderung nach analytischer Trennung zwischen Wünschen und Erwartungen näher käme, weist BERGER souverän aus "wissenschaftslogischem Bedenken" (S. 23) zurück.

Wenden wir uns nun den einzelnen Faktoren zu, die nach BERGER die Bildungsnachfrage des Individuums bestimmen:

1. Die Konditionierung
BERGER geht aus von dem klassischen Beispiel eines vor zwei Handlungsalternativen stehenden Tieres, dessen eine Handlungsweise belohnt, die andere bestraft wird (S. 31). Diese Konditionierung ist allerdings, das räumt BERGER ein, bei "höheren Lebewesen" "durch zunehmende Unabhängigkeit von der Konditionierung durch Signale oder Reize gekennzeichnet" (S. 30/31), wodurch "Raum für ein Verhalten nach der Rationalitätsmaxime" entsteht (ebenda). Erst die Rationalitätsmaxime ermöglicht dem Individuum

2. Das Rentabilitätskalkül
Das Rentabilitätskalkül geht vom Nutzeffekt der individuell nachfragbaren Bildung für das Individuum aus. Die sich darauf gründende Nachfrage des Individuums nach Bildung ist gewollt und intendiert und unterscheidet sich dadurch wohltuend von der "konditionierten Bildungsnachfrage" (S. 40). Hierbei spielen nicht nur die direkten Aufwendungen für das Bildungssystem eine Rolle, die seit Einführung der Schul- und Lernmittelfreiheit kaum noch ins Gewicht fallen, sondern vielmehr die indirekten Kosten, worunter auch die während der Ausbildungszeit entgangenen Einkommen zu rechnen sind. Mit erheblichem statistischen Aufwand, innerhalb dessen BERGER auch solche Komponenten wie "Wegfall der Reiseermäßigung für Studenten" (S. 43) berücksichtigt, kommt er zu Schlußfolgerungen, die wegen ihrer Tragweite und ihrer gedanklichen Brillianz es verdienen, fest-

gehalten zu werden:

1. "Je höher (niedriger) der Preis der Bildung, desto niedriger (höher) ist die individuelle Nachfrage nach Bildung.
2. Steigende Preistendenz wird die Nachfrage vermindern, fallende Preistendenz wird sie erhöhen.
3. Der Preis der Bildung ist umso höher, je höher das bei Verzicht auf Bildung erzielbare Einkommen, je höher die direkten Aufwendungen für Bildung und je niedriger Stipendien und Studienbeihilfen sind.
4. Die Preistendenz steigt, wenn anderweitig erzielbare Einkommen und direkte Bildungsaufwendungen steigen und wenn zweckgebundene Beihilfen sinken" (BERGER 1969, S. 44).

That's it!
Und da sprechen so Leute wie NIPPERDEY oder DOEHRING vom Leistungs- und Niveauabfall der Studenten an der Universität und reden privaten Universitäten nach dem Modell des Max-Planck-Instituts das Wort.

Doch wenden wir uns nun den Determinanten zu, die nach BERGER das Bildungsverhalten der Individuen von ihrer sozialen Umgebung her beeinflussen (Soziale Programmierung und Gruppenkonflikte).

BERGER referiert hier zunächst die moderne Motivationstheorie (HECKHAUSEN), die den Bildungserfolg von einem stabilen Leistungsstreben abhängig macht, das wiederum, wie die McCLELLAND Gruppe in einem interkulturellen Vergleich nachzuweisen versuchte, vor allem auf das familiäre Erziehungsmilieu zurückzuführen ist, leitet dann über zu der bekannten Sozialisationsdefinition OEVERMANNs ("Sozialisation ist Inbegriff derjenien Prozesse, durch die der menschliche Organismus seine Identität als handlungsfähige Person in einer spezifischen Ausprägung gewinnt" - OEVERMANN u.a. 1968, S. 5) und gelangt schließlich zu der moralischen Forderung, "den unteren Schichten eine besondere Bildungschance zu verschaffen" (BERGER 1969, S. 59).

Da ist er wieder, der Ruf nach Chancengleichheit. Man kann ihn nicht mehr hören. Entbindet er doch denjenigen, der ihn vorbringt, von der

Pflicht, darzustellen, warum es sie nicht gibt. Es steht einem kritischen Geist wohl an, die Ungerechtigkeiten dieser Gesellschaft festzustellen und nach Abhilfe zu bitten, doch die Ursachen dieser Ungleichheit zu untersuchen, ist anscheinend unter dem Niveau einer solchen Wissenschaft. Sie hat in hundert Jahren nichts dazu gelernt, wie ein Zitat ENGELS' zeigt, das wir im Vorgriff auf den Abschnitt 1.4 ff. schon jetzt anführen:
"Der bisherige Sozialismus kritisierte zwar die bestehende kapitalistische Produktionsweise und ihre Folgen, konnte sie aber nicht erklären, also auch nicht mit ihr fertig werden; er konnte sie nur einfach als schlecht verwerfen. Es handelte sich aber darum, diese kapitalistische Produktionsweise einerseits in ihrem geschichtlichen Zusammenhang und ihrer Notwendigkeit für einen bestimmten geschichtlichen Zeitabschnitt, also auch die Notwendigkeit ihres Untergangs, darzustellen, andererseits aber auch ihren inneren Charakter zu enthüllen, der noch immer verborgen war, da die bisherige Kritik sich mehr auf die üblen Folgen als auf den Gang der Sache selbst geworfen hatte. Dies geschah durch die Entdeckung des Mehrwerts. Es wurde bewiesen, daß die Aneignung unbezahlter Arbeit die Grundform der kapitalistischen Produktionsweise und der durch sie vollzogenen Ausbeutung des Arbeiters ist; daß der Kapitalist, selbst wenn er die Arbeitskraft eines Arbeiters zum vollen Wert kauft, den sie als Ware auf dem Warenmarkt hat, dennoch mehr Wert aus ihr herausschlägt, als er für sie bezahlt hat; und daß dieser Wert in letzter Instanz die Wertsumme bildet, aus der sich die stets wachsende Kapitalmasse in den Händen der besitzenden Klassen anhäuft. Der Hergang sowohl der kapitalistischen Produktion wie der Produktion von Kapital war erklärt" (ENGELS, Herrn Eugen Dührings Umwälzung der Wissenschaft, MEW 20, S. 26).

Auch bei Wolfgang BERGER scheint eine Umwälzung der Wissenschaft stattgefunden zu haben. So teilt er mutig die Gesellschaft nach einem - "klassischen (Smith) und der marxistischen Vorstellungen entlehnten" (BERGER 1969, S. 62) - Gesellschaftsbild nach ihren Tätigkeitsformen: manuelle und administrative, in zwei Teile. Man muß die Kühnheit bewundern, mit der er diesen Tätigkeitsformen die Begriffe "Bourgeoisie" und "Proletariat" zuordnet, "wo der Mittelstand, der größte Teil der Dienstleistungsklasse und Vorarbeiter zur 'Bourgeoisie' und Arbeiter, sowie Angestellte in untergeordneten Tätigkeiten, wie ein Teil des Verkaufspersonals, Lastwagenfahrer, Pförtner usw. zum 'Proletariat' gehören" (S. 62). Es mag in dieser Charakterisierung, an der so ziemlich alles falsch ist (und für das wenige, das stimmen mag, kann BERGER nichts), eine Erklärungsmöglichkeit dafür liegen, daß der Marxismus als Wissenschaft in diesem System nicht anerkannt ist. Man kennt ihn nicht. Nicht nur aus Bequemlichkeit, sondern weil er die eigene Wissenschaft in Frage stellen würde.

Die Konsequenzen dieser Unkenntnis werden bei Wolfgang BERGER deutlich. Da "fallen" (!) die "politischen Schlüsselpositionen" in der "Mehrzahl (?) kapitalistischer Industrienationen" an die "Vertreter der Bourgeoisie", "oder sie können den Vertretern des Proletariats zugedacht (!) sein, wie es dem kommunistischen Ideal entspricht" (S. 64). Und dann geht es hopplahopp: Behauptung in politischen Schlüsselpositionen ist ohne Bewährung in einer Leistungsgesellschaft nicht denkbar, Bewährung setzt Qualifikation voraus, Qualifikationen vorangegangene formale Bildungsprozesse. Und "da Unterwerfung unter einen Bildungszwang nach motivationstheoretischer Kenntnis nicht zu guten Ergebnissen führen kann, muß das erfolgreiche Absolvieren von Bildungsprozessen Ergebnis einer Nachfrage nach Bildung sein" (ebenda).

Somit kommt BERGER zu dem Schluß, daß die effektive politische Macht einer Klasse von der "relativen Stärke der durchschnittlichen Bildungsnachfrage ihrer Angehörigen" bestimmt wird (S. 65). "Aus dieser Situation", folgert BERGER, "kann ein fruchtbares Wettrennen nach Bildungsplätzen entstehen" (ebenda).
Wer sich da unwillkürlich an die Fabel mit dem Hasen und dem Igel erinnert fühlt, ist selbst schuld, denn ein realistischeres Abbild der Wirklichkeit ist kaum denkbar. Man sieht förmlich den jungen Krupp vor sich, wie er bei einem fruchtbaren Wettrennen nach einem Bildungsplatz knapp einem stämmigen Proletarierbengel unterliegt und als guter Verlierer ohne zu murren dessen Platz an der Pforte einnimmt. BERGER sieht die weitreichenden Konsequenzen: "Dies hätte zur Folge, daß die industrielle dichoto-

mische Gesellschaftsstruktur sich aufhebt und einer postindustriellen Bildungsgesellschaft mit anderen Strukturen weicht" (BERGER 1969, S. 65).

Von hier aus ist dann der Schritt nicht mehr weit, den diplom bibliothekar georg huber als speyer in dem "revolutionärsten buch der gegenwart" mit dem "provozierenden titel": "deutsch wird kleingeschrieben" tut, das im selbstverlag erscheint, "ähnlich wie oppositionelle literatur in sowjetrußland". Es sieht folgenden stufenplan vor: (wörtlich)

+ aktion minischrift (allgemeine kleinschreibung)
+ aktion eurodeutsch (ablösung des neuhochdeutschen)
+ allgemeines deutsches sprachkonzil zur schriftreform
+ auflösung von bundesrepublik und ddr
+ aufbau der republik europa
+ aufruf zum weltfriedenskonzil

(aus dem Fachkatalog für Studium und Praxis. Neuzeitliche Lehrerhandbücher, 24. Ausgabe 1972/73, o.O., S. 53).

Das Bildungssystem, darauf sei hier noch einmal hingewiesen, ist der Ausdruck gesellschaftlicher Verhältnisse, nicht deren Ursache (wo diese liegt, sehen wir im Abschnitt 1.4 ff.) "Ein wackrer Mann (so schreibt MARX und muß damit Wolfgang BERGER oder georg huber gemeint haben) bildete sich einmal ein, die Menschen ertränken nur im Wasser, weil sie vom Gedanken der Schwere besessen wären. Schlügen sie sich diese Vorstellungen aus dem Kopfe, etwa indem sie dieselbe für eine abergläubige, für eine religiöse Vorstellung erklärten, so seien sie über alle Wassergefahr erhaben. Sein Leben lang bekämpfte er die Illusion der Schwere, von deren schädlichen Folgen jede Statistik ihm neue und zahlreiche Beweise lieferte. Der wackre Mann war der Typus der neuen deutschen revolutionären Philosophen" (MARX, in der Vorrede zu der "Deutschen Ideologie", S. 12). Das scheint an Wolfgang BERGER nicht spurlos vorbei gegangen sein. So kommt er gegen Ende seiner Arbeit zu verblüffenden Ergebnissen, die seine vorherigen Untersuchungen beinahe überflüssig erscheinen lassen: "Vor der Herrschaft der Massenmedien war die Verbreitung privater Nachfrage nach Bildung vom persönlichen Kontakt abhängig und unterlag ähnlichen

Bedingungen wie die Ausbreitung organischer Krankheiten" (S. 122). Und weiter:
"Auch das plötzliche Auftreten geballter Nachfrage nach formaler Bildung hat in der Medizin seine Parallele. Es gibt Krankheiten, zum Beispiel Gelbsucht, deren Erreger unentdeckt im Körper leben, bis bestimmte, für ein Ausbrechen der Krankheit günstige Bedingungen zusammentreffen. Es gibt Gene, die Träger schlummernder Erbeigenschaften sind, bis eine bestimmte Kombination mit anderen Genen bei einem Individuum die betreffende Erbeigenschaft offenlegt. Vielleicht ist der plötzliche 'take-off' bei der Bildungsnachfrage einzelner sozialer Gruppen auf die 'phänotypische Offenlegung' verdeckter innovativer Bildungsbereitschaft durch das Zusammentreffen bestimmter Konditionen zurückzuführen, die es nur zu erkennen und in anderen, Bildung noch nicht im gewünschten Umfang nachfragenden Gruppen herbeizuführen gilt" (BERGER 1969, S. 123).

Soweit Wolfgang BERGERs "Beitrag zur Identifizierung der Determinanten privater Nachfrage nach formaler Bildung", der uns eher ein Beitrag zu ihrer Infizierung zu sein scheint. Wir werden uns im Verlauf unserer politischen Ökonomie des Ausbildungssektors noch ausführlicher mit den theoretischen Implikationen dieser Arbeit auseinandersetzen.

1.2 2 Der "manpower-requirements-forecasting-approach"

Das "Arbeitskräftebedarfsplanungsmodell" wie die wörtliche Übersetzung lautet, bzw. der Manpower-Ansatz, wie er in der Diskussion meist gebraucht wird, ist ein nachfrageorientiertes Modell, das den Bedarf der Wirtschaft an qualifizierten Arbeitskräften abzuschätzen versucht. Zugrunde gelegt wird ihm eine prognostizierte Wachstumsrate, die auf der Basis der bisherigen Wirtschaftsentwicklung extrapoliert wurde. "Diese Prognose wird zugleich als Zielvariable betrachtet, d.h. es wird die Frage gestellt, welcher Bedarf an Arbeitskräften mit einer bestimmten Qualifikationsstruktur in der Lage ist, die Produktivitätssteigerungen zu erzielen, die durch die prognostizierten Wachstumsraten vorgegeben sind" (HUISKEN 1972, S. 153).

Gegen diesen Ansatz werden sowohl von bürgerlichen als auch von marxistischen Kritikern zwei grundlegende Einwände erhoben, die seine Realisierbarkeit wegen zweier unterschiedlich einzuschätzender Widersprüche bezweifeln:

1. Der Widerspruch zwischen "freier" anarchischer und ungeplanter Warenproduktion und der von ihrer Entwicklung abhängigen Planung des Bildungs- und Ausbildungssektors und
2. der Widerspruch zwischen dem "Bürgerrecht auf Bildung" und dem Manpower-Ansatz, der nicht von der Nachfrage privater Haushalte, sondern von dem Bedarf der Wirtschaft ausgeht, an dem sich ausschließlich der weitere Auf- und Ausbau des Bildungssystems zu orientieren hat.

Handelt es sich bei dem ersten Einwand um ein methodisch-technisches Problem, das sich, da es auf dem Grundwiderspruch dieser Gesellschaft beruht, bei dem gegenwärtigen Stand der Entwicklung der Produktionsverhältnisse nicht lösen läßt (von dem von diesem Grundwiderspruch abhängenden Widerspruch zwischen notwendig langfristiger Planung im Bildungssektor und den weder quantitativ noch temporär voraussehbaren Zyklen der wirtschaftlichen Entwicklung und dem Zwang des Staates zu antizyklischer Einflußnahme (siehe dazu unter 1.5 4) einmal ganz abgesehen), so geht es bei dem zweiten Einwand um einen nurmehr schüchternen Versuch, darauf hinzuweisen, daß "das Bildungssystem (...) jedoch auch die notwendige Bildung für das Leben als mündige Person außerhalb der Berufstätigkeit vermitteln" muß (EDDING im Vorwort zu ARMBRUSTER 1971). Ein Hinweis, der angesichts des reibungslosen Einpassens dieser Kritiker in das System staatlicher Bildungsplanung nicht einmal mehr lächerlich, sondern zynisch wirkt.

So stellt auch Hajo RIESE mit bedauerndem Achselzucken fest:
"Das Grundrecht auf Bildung erhält seinen sekundären Stellenwert, es ist das schwache Glied in der Kette, weil die Wirtschaft kaum zur Absorption von Arbeitskräften gezwungen werden kann" (RIESE 1968, S. 283). Was hier als Systemzwang durchschlägt, ist das nackte Gesicht eines Produktionsprozesses, dessen Zwänge sich allen staatlichen und privaten Institu-

tionen aufherrschen.

Wir wollen es bei dieser sehr verkürzten und grob vereinfachenden Darstellung bewenden lassen. Zum einen, weil, wie EDDING festgestellt hat, "die anfängliche Attraktivität dieses Ansatzes, besonders für die wachstumstheoretisch orientierten Wirtschaftswissenschaftler, (...) in den beiden letzten Jahren einer fast einhelligen Ablehnung gewichen" ist (EDDING im Vorwort zu ARMBRUSTER 1971), zum andern, weil die Darstellung in dieser Abstraktion, wie sie hier gehandhabt wurde, für unsere Zwecke völlig ausreicht.

Eine kritische Analyse der Manpower-Ansätze, die die bekanntesten darstellen, die von TINBERGEN, PARNES und BOMBACH, sowie der Arbeitskräftebedarfsplanung im Rahmen der OECD, findet sich in der Studie von ARMBRUSTER (1971). Dort ist auch weiterführende Literatur angegeben. Zur marxistischen Kritik an diesen Ansätzen siehe vor allem ALTVATER/HUISKEN 1971, Teil I, S. 1-76 und HUISKEN 1972, S. 140-174.

Sehr viel relevanter aber werden ökonomische Bildungsplanungsmodelle, wo sie sich nicht mehr nur, wie in der Makroökonomie, mit input/output Modellen, also mit den quantitativen Aspekten der Eingangs- und Ausgangsströme befassen, sondern dort, wo die Makroökonomie ihr notwendiges Korrelat hat: in der Mikroökonomie des Bildungswesens.

1.3 Zur Mikroökonomie des Bildungswesens

Natürlich ist diese Zweiteilung, wie sie hier vorgenommen wird und wie sie sich aus der Tradition bürgerlicher Sozialtheorien herleitet und über die Nationalökonomie auch Eingang in die Bildungsökonomie gefunden hat, problematisch, doch scheint sie sich aus methodischen Gründen durchgesetzt zu haben (siehe dazu BECKER/JUNGBLUT 1972, S. 59 ff. HUISKEN verweist in diesem Zusammenhang auch auf H. v. RECUM, JERMANN und WIDMAIER - HUISKEN 1972, S. 379 Anm. 83). Aber auch die Makroökonomie des Bildungswesens ist gezwungen, qualitative Aspekte der einzelnen gewichteten Ausbildungsgänge miteinzubeziehen. Da es sich hierbei um überschaubare, statistisch ohne weiteres erfaßbare und damit planbare Gebiete handelt, hat sich die Mikroökonomie z. T. unabhängig von der Makroökonomie entwickelt und beginnt, eine eigenständige Disziplin zu werden, deren Aufgabe darin besteht, die Curriculumentwicklung auf - durch die ökonomische Entwicklung diktierte - Ziele zu lenken und deren Vermittlung durch eine funktionale Didaktik und Methodik zu optimieren. So entsteht das, was BREZINKA im Vorwort zu POSCH 1967 vornehm mit "Technologie der Erziehung" umschreibt.

Zugrunde gelegt werden hierbei betriebswirtschaftliche Modelle unter dem Hinweis auf die "knappen Ressourcen" für das Bildungswesen. Angestrebt wird eine Steigerung der Quantität und Qualität der verschiedenen Ausbildungsgänge und/oder eine Rationalisierung der Betriebskosten.

Den hier im Moment noch eine geringe Rolle spielenden audiovisuellen Hilfsmitteln wird dabei im Hinblick auf die weitere Entwicklung ein wachsender Anteil an der Unterrichtsgestaltung eingeräumt, wobei auch zur Begründung dafür meist der Hinweis auf die knappen Ressourcen und den hohen Anteil der Personalausgaben an ihnen ausreicht.

Einen zusätzlichen Weg schlägt dabei POSCH ein, der eine Differenzierung des Lehrberufs vorschlägt, um mit "sub- und paraprofessionellem Personal, über das der Lehrer Kontrolle ausübt" (POSCH 1969, S. 27), die Kosten zu senken. (Daß allerdings diese angestrebte Differenzierung des Lehrberufs nicht den Raum einnehmen wird, den POSCH vorschlägt, liegt an dem von ihm nicht gesehenen gesamtwirtschaftlichen Unterschied zwischen Personalausgaben und Ausgaben für technische Hilfsmittel, wie er sich bei einer politökonomischen Betrachtung des Ausbildungssektors zeigt (siehe 1.5 4)).

1.3 1 Exkurs: Zu Peter POSCHs Studie: "Der Lehrermangel" oder: "Das Eisen kann gehärtet, das Arbeitsverhalten des Schülers gebessert werden" (POSCH, S. 84)

Die Arbeit POSCHs mit ihrem - liest man die gefälschten Statistiken der Kultusministerkonferenz (siehe dazu: "Ausgleich des Lehrerbedarfs - durch Tricks und Finten", in: Erziehung und Wissenschaft 9/72, S. 17) - beinahe archaisch anmutendem Titel wurde 1967 veröffentlicht, zu einem Zeitpunkt, an dem ein erster Höhepunkt in der Veröffentlichung mikroökonomischer Untersuchungen erreicht wurde. Wir beschäftigen uns ausführlicher mit dieser Arbeit aus ähnlichen Gründen, die uns auch zur Auseinandersetzung mit Wolfgang BERGER geführt haben (siehe 1.2 11). Darüber hinaus auch deswegen, weil der Versuch POSCHs, "die wichtigsten Problemkreise nach ökonomischen Gesichtspunkten einer systematischen Analyse zu unterziehen" (POSCH 1967, S. 20) mit einer Konsequenz durchgeführt wurde, die an Brutalität nichts zu wünschen übrig läßt.

Dennoch muß unsere Kritik vorläufig noch an der Oberfläche ansetzen und sich darauf beschränken, die POSCHsche Studie immanent zu kritisieren, z.T. auch nur moralisch. Doch werden wir die Kritik an seiner Arbeit (wie auch an der Wolfgang BERGERs) wieder aufnehmen, wenn wir im nächsten Kapitel die Grundkategorien der politischen Ökonomie entfaltet haben.

Nachdem POSCH im ersten Teil seiner Arbeit in eindrucksvoller Weise durch einen interkulturellen Vergleich (BRD, England, Frankreich, Österreich, Schweiz, Türkei und USA) anhand zahlreicher Statistiken die Rückständigkeit des westdeutschen Bildungssystems belegt hat, (obwohl hier nichts wesentlich Neues liefert, liegt in dieser Zusammenstellung unserer Meinung nach der eigentliche Wert dieses Buches - so erfährt man z.B. auf S. 28, daß in Schweden eine Volksschulklasse geteilt werden muß, wenn die Schülerzahl 25 übersteigt), kommt er im zweiten Teil zu seinem eigentlichen Anliegen, nämlich "erprobte Forschungsmethoden der Betriebswirtschaft auf den Bereich des Schulwesens anzuwenden" (S. 77). Dadurch soll es möglich werden, die Zusammenhänge zwischen den verschiedenen

Inputfaktoren und dem Produkt (Output) durchschaubar zu machen, um sie rationalisieren zu können:
"Das gesamte schulische Geschehen wird dabei als leistungserstellender Prozeß aufgefaßt, in dem die drei Elementarfaktoren Lehrerleistung, Arbeitsmittel und Schüler durch den vierten, den dispositiven Faktor zu einer produktiven Einheit kombiniert werden" (POSCH 1967, S. 87).

Die geringsten Schwierigkeiten bei der Übertragung betriebswirtschaftlicher Produktionsfaktoren mag hierbei der Faktor Betriebs- bzw. Arbeitsmittel bereiten. "Und während es bei grobem Vergleich noch gelingen kann, die Arbeitsleistung des Lehrers der des Arbeiters im Betrieb gleichzusetzen, (...) versagt der Vergleich offensichtlich dort, wo der Schüler dem Werkstoff gleichzusetzen wäre" (HUISKEN 1972, S. 186).

Wir werden uns deswegen im Rahmen der Elementarfaktoranalyse auf die Erörterung der Produktionsfaktoren "Arbeitsleistung des Lehrers" und "Arbeitsverhalten des Schülers" beschränken.

1.3 11 Der Produktionsfaktor: Arbeitsleistung des Lehrers

POSCH definiert die Lehrerleistung als "Einsatz physischer und psychischer Fähigkeiten des Menschen zur Verwirklichung schulischer bzw. unterrichtlicher Zwecke" (S. 78). Damit dieser Einsatz optimal gestaltet werden kann, müssen bestimmte Bedingungen erfüllt sein, die die latente Eignung des Lehrers (erworben durch Ausbildung, berufliche Erfahrung, körperliche Leistungsfähigkeit usw.) zur Umsetzung in konkrete Lehrerleistung führen.

Voraussetzung dafür ist die "Leistungsbereitschaft" des Lehrers, die nach POSCH von folgenden Faktoren abhängt:

+ von der Höhe des Arbeitsentgelts
+ von der Einstellung des Lehrers zu den Schülern
+ von der Einstellung des Lehrers zur Lehrtätigkeit und zum Lehrinhalt
+ von der Einstellung des Lehrers zu seinen beruflichen Bezugsgruppen (Vorgesetzte, Kollegen, Eltern)." (POSCH, S. 79)

Dieser Faktorenkomplex nimmt den weitaus größten Teil der POSCHschen Studie ein. Das erklärt sich daraus, daß - wir haben bereits darauf hingewiesen, - der Anteil der Personalkosten am Gesamtetat des öffentlichen Bildungswesens den der Sachkosten bei weitem übersteigt, so daß Rationalisierungsbestrebungen bei eben diesem Faktorenkomplex einzusetzen haben. Ohne explizit darauf hinzuweisen, stellt sich POSCH bei der Erörterung dieses Komplexes ganz in die Tradition der Human Relations in Industry, wenn er etwa feststellt:

"Je positiver die Einstellung zu den Schülern ist, umso größer ist die Leistungsbereitschaft des Lehrers. Auch in der Industrie zeigt es sich, daß mangelndes Interesse am Werkstoff die Arbeitsleistung negativ beeinflussen kann" (POSCH 1967, S. 80).

POSCH setzt mit seinen Überlegungen, wie die Lehrerleistung effektiviert werden kann, auf zwei Ebenen an:

1.3 111 Die ökonomische Ebene des Modells der alternativen Kosten

Hierbei wird versucht, "die Leistung jener Produktionseinheiten, die knapp und/oder teuer sind, durch solche zu ersetzen, die in genügender Zahl vorhanden sind und/oder weniger kosten" (POSCH 1967, S. 102).

Methodisch wird dabei so vorgegangen, daß das Unterrichtsgeschehen in einzelne Faktoren zerlegt wird, wobei "jeweils zwei Faktoren des Unterrichtsgeschehens isoliert betrachtet und nach ihrer Produktivität bzw. 'Erreichbarkeit' untersucht" werden (S. 102). (So wird z.B. die Zeit, die ein Lehrer dafür verwendet, Schülernoten in Schülerbeschreibungsbogen, Zeugnisse etc. zu übertragen, gemessen und ihre Kosten abgeschätzt und mit den Kosten verglichen, die entstehen, wenn dieselbe Arbeit durch eine EDV-Anlage durchgeführt wird).

Diese Taylorisierung des Unterrichts, die vorgenommen werden muß, um Lehrerleistung durch programmierten Unterricht substituierbar zu machen, hat aber neben ihrem technisch-methodisch-ökonomischen Aspekt einen weiteren, wichtigeren, der in der Diskussion fast immer (bei POSCH völlig) vernachlässigt wird: einen ideologischen.

Allgemeine Lernziele wie "Emanzipation" oder "mündiger Bürger" oder solche: "Die österreichische Schule hat die Aufgabe, an der Entwicklung der Anlagen der Jugend nach den sittlichen, religiösen und sozialen Werten des Wahren, Guten und Schönen durch einen ihrer Entwicklungsstufe und ihrem Bildungsweg entsprechenden Unterricht mitzuwirken" (242. Bundesgesetz v. 25. Juli 1962 über die Schulorganisation, zitiert nach POSCH 1967, S. 91) sind wegen ihrer Abstraktheit zwar kaum in konkrete Lernziele und -pläne umsetzbar, aber sie können inhaltlich gefüllt und damit konkretisiert werden. Auf diese Weise sind Ideologien (nach HOFMANN verstanden als "gesellschaftliche Rechtfertigungslehre" - HOFMANN 1968, S. 54) feststellbar und gesellschaftliche Zusammenhänge, Interessen und Widersprüche erkennbar. Das allgemeine Lernziel Emanzipation, das sich im konkreten Lehrplan schließlich als Fähigkeit zur Lautdiskriminierung oder Begriffsbildung wiederfindet, läßt den Widerspruch zwischen Anspruch und Wirklichkeit noch erkennen. So wichtig Begriffsbildung und die Fähigkeit zur Lautdiskriminierung auch sind, so sind sie doch nur Voraussetzungen zum Lernen und Verstehen überhaupt, sagen aber noch nichts über den Gebrauch des Erlernten und Verstandenen in der Gesellschaft aus. Die genannten Fähigkeiten sind in jeder Gesellschaft, unabhängig von ihrer konkreten Formation, notwendig. Aber "die Auflösung des Zieles (im genannten Beispiel "Emanzipation" - d. Verf.) in kleinste Verhaltensschritte (z. B. Fähigkeit zur Lautdiskriminierung - d. Verf.) löst dieses aber auch theoretisch aus dem Zusammenhang der Notwendigkeit, in dem es steht" (BRUDER 1971, S. 116). Die Frage, wem diese Fähigkeit nützt, wie sie inhaltlich bestimmt ist, wozu sie benutzt wird, stellt sich - im Unterschied zu Lernzielen wie Emanzipation (wenn sie konkretisiert wurden) - nicht mehr. "Die Begriffe werden der geistigen Tradition entnommen und in operationelle Termini übersetzt - eine Übersetzung, bei der die Spannung zwischen Denken und Wirklichkeit dadurch vermindert wird, daß sie die negative Macht des Denken schwächt" (MARCUSE 1968, S. 123). Der Begriff "Emanzipation" trägt zumindest in seinen Konnotationen, möglicherweise auch in seiner Denotation einen tendenziell systemtranszendierenden Charakter und beschreibt dadurch das System, in dem er verwendet wird. Er weist auf die Schranken des Systems hin, indem er durch sein kritisches Potential über sie hinaus auf die historische Alternative verweist und ermöglicht so die Erkenntnis der Widersprüche des Systems, in dem er verwendet wird, zeigt, wie er verwendet wird und warum er so verwendet wird, deckt Ideologien auf, deren Gebrauch durch seine Verwendung verdeckt werden sollte. "Der therapeutische und operationelle Begriff wird in dem Maße falsch, wie er die Tatsachen isoliert, atomisiert und innerhalb des repressiven Ganzen befestigt und dabei die Termini dieses Ganzen als die der Analyse hinnimmt. Die methodologisch geforderte Übersetzung des Allgemeinen in den operationellen Begriff wird dann zur repressiven Einschränkung des Denkens" (MARCUSE 1968, S. 126).

Das Nichterkennen von Ideologie beruht aber immer schon selbst auf Ideologie. Indem man ihr erliegt, gewinnt sie doppelt: Kritik kann sich nur noch immanent artikulieren und wird so zum Träger der Ideologie, zu deren Abschaffung sie beitragen sollte.

Bei POSCH bricht seine Ideologie deutlich dort auf, wo er sich auf einer anderen Ebene um eine Optimierung der Lehrerleistung bemüht:

1.3 112 Die sozialpsychologische Ebene des Modells der alternativen Kosten

Die von POSCH vorgeschlagene Substitution der Lehrerleistung kann nun nicht nur durch den verstärkten Einsatz programmierter Unterrichtseinheiten mit Hilfe audio-visueller Hilfsmittel erreicht werden, sondern auch durch "sub- und paraprofessionelles Personal".

Hier argumentiert POSCH nach zwei Seiten:
Einmal läuft die Argumentation für den Einsatz von Hilfspersonal ähnlich wie die für den verstärkten Einsatz technischer Hilfsmittel. Der Steigerung der Produktionsleistung (so konnte bei dem amerikanischen Bay City Experiment "die Schülerzahl je Lehrer durch Einsatz von Hilfskräften ohne Veränderung der Qualität des Unterrichts um ca. 35 % erhöht werden" -

POSCH 1967, S. 122) läuft eine finanzielle Ersparnis nebenher (so hat KROMMWEH für das Land Nordrhein-Westfalen durch Einsatz von Hilfspersonal eine jährliche Ersparnis von 127 380 000 DM errechnet (KROMMWEH, B.: Die Schule - ein Stiefkind der Rationalisierung, in: Fortschrittliche Betriebsführung 3/66, S. 67, zitiert nach HUISKEN 1972, S. 386, Anm. 163)).

Zum andern macht POSCH auf einen weiteren Vorteil der Substitution durch Hilfspersonal aufmerksam. In Anlehnung an CAPLOW macht POSCH das Berufsprestige u. a. von dem Einkommen und von der Zahl der Untergebenen sowie von der Kontrollfunktion abhängig. Da der Volksschullehrer keine Untergebenen hat (Schüler werden nicht als solche betrachtet) und seine Kontrollmöglichkeit nur die Schüler betrifft (Personen mit niedrigem Sozialprestige), hat auch der Lehrer nur ein geringes Sozialprestige. Denn "nach CAPLOW ist das Verhältnis zwischen der Kontrolle, die der Beschäftigte über andere Personen ausübt, und jener, die andere Personen über ihn ausüben, das wichtigste des Berufsprestiges. Das Ansehen eines Berufes wäre demnach umso höher, je mehr Einfluß seine Mitglieder auf andere Personen ausüben" (POSCH 1967, S. 165).

Die Übersetzung eines Begriffs der "geistigen Tradition", hier: "Autorität" (S. 155) in die operationelle Definition, hier: "Zahl der Untergebenen" (S. 155) offenbart den Mechanismus einer Gesellschaft, "in der Prestige nach Prinzipien verteilt werden kann, die einer Sklavenhaltergesellschaft gut anstünden" (HUISKEN 1972, S. 206). Bestehende Hierarchien innerhalb des Produktionsprozesses, deren Berechtigung nicht in Frage gestellt wird, werden mechanisch auf den schulischen "Produktionsprozeß" übertragen und entfalten dadurch hier die gleichen Formationen, die durch die Hierarchien dort produziert werden, bestimmen damit die Art und Weise der Vermittlung des Lehrstoffes und schlagen auf diese Weise bis zu seinen Inhalten durch.

1.3 12 Der Produktionsfaktor Schüler

Zwar entspricht der "Faktor Schüler" "nur sehr beschränkt" dem dritten Produktionsfaktor "Werkstoff" des von POSCH in Anlehnung an GUTENBERG entwickelten betriebswirtschaftlichen Schemas. Aber "sowohl Werkstoff als auch Schüler haben bestimmte Eigenschaften, die sich auf die quantitative und qualitative Ergiebigkeit der im Betrieb bzw. der Schule erstellten Leistung auswirken. Diese Eigenschaften sind innerhalb gewisser Grenzen modifizierbar. Das Eisen kann gehärtet, das Arbeitsverhalten des Schülers gebessert werden" (POSCH 1967, S. 84).
Da jedoch auch für POSCH wesentliche Unterschiede zwischen Werkstoff und Schüler darin zu verzeichnen sind, daß "die Eigenschaften des Schülers" (POSCH nennt u.a. Begabung, Arbeitsverhalten und Wertidentifikation) weniger gut bekannt sind "als die technologischen Gegebenheiten des Werkstoffs" (S. 84), müssen die Eigenschaften des Schülers instrumentalisiert werden und ihr Nachteil, der in ihrer Unberechenbarkeit liegt, dadurch aufgehoben werden, daß die Schüler diese Instrumentalisierung an sich selbst vollziehen: "Der Schüler ist nicht Konsument schulischer Leistungen, sondern Mitproduzent" (S. 25) (POSCH stellt hier die tatsächlichen Verhältnisse von den Füßen auf den Kopf - wir gehen ausführlich unter 1.5 2 darauf ein). Bei POSCH wird der Schüler, wie der Lehrer, in den Zwang zur "Optimierung" und "Effektivierung" des schulischen "Produktionsprozesses" eingespannt:
"POSCH bestimmt somit den Schüler im Modell betrieblicher Produktionsfaktoren doppelt: Einerseits leistet er selbst Arbeit, die sich jedoch von der des Lehrers dadurch unterscheidet, daß sie von diesem initiiert wird, andererseits ist er zugleich Objekt der Arbeit des Lehrers. In der Analogie formuliert bedeutet dies: Der Schüler ist (lebendiges) Werkzeug und (lebendiger) Werkstoff in einem" (HUISKEN 1972, S. 190).

1.3 13 Zur ideologischen Funktion eines Peter POSCH

Wir wollen die Betrachtung der Arbeit POSCHs mit einigen grundsätzlichen Bemerkungen an dieser Stelle beenden. Die Unfähigkeit POSCHs, den Stellenwert der Institution Schule im Produktions- und Reproduktionsprozeß einer Gesellschaft adäquat einzuschätzen, kann ihm persönlich nicht vorgeworfen werden. Sie ist vielmehr in seinem erkenntnistheoretischen Ansatz zu suchen, den auch HUISKEN (1972, S. 183 ff.) einer beispielhaften Ideologiekritik unterzieht. Aufsteigermentalität mag ein Übriges dazu beigetragen haben, auch noch dort Analogien zu formulieren, wo die Unmenschlichkeit offen zutage tritt. Deutlich wurde dies bei dem Vorschlag der Substitution der Lehrerleistung durch Hilfspersonal (siehe 1.3 112).

Ideologie zeigt sich auch dort, wo POSCH den "dispositiven Produktionsfaktor" mit seinen Elementen "Führung, Planung und Organisation" den bestehenden Institutionen Gesetzgeber, Kultusbürokratie und Schulbehörde zuordnet (POSCH 1967, S. 86/87), ohne nach deren politischem Interesse und dessen Legitimation zu fragen. So endet die Analyse in Affirmation, erweist sich Kritik als ihre eigene Aufhebung. "Was als formale Struktur dem bloß technischen Funktionieren der Produktion optimal zu entsprechen scheint, reproduziert zugleich die Herrschaftsverhältnisse kapitalistischer Produktion" (HUISKEN 1972, S. 184). Bestehende Ordnungen werden dadurch "objektiv", daß sie von "Sachzwängen" und "ökonomischen Gesetzen" abhängig gemacht werden, ohne daß auch nur der Gedanke an die Frage entwikkelt werden kann, wessen Sache hier zwingend nach etwas verlangt. "Gesellschaftliche Arbeitsteilung erlangt die Würde einer ontologischen Beschaffenheit" (MARCUSE 1968, S. 144), steht jenseits von Gut und Böse und entzieht die Möglichkeit prinzipieller Veränderung der Erkenntnis der Kritik. Politische Interessen werden auf diese Weise, da sie nicht quantifiziert und gemessen werden können und nur in einer gesamtgesellschaftlichen Analyse sichtbar werden, legitimiert, ohne überhaupt analysiert worden zu sein. Dies zeigt sich bei POSCH auch dort, wo er den schulischen Output zu definieren versucht.

Der Output muß sowohl Ziel als auch Ergebnis des Unterrichts (POSCH

1967, S. 87) und einer Messung zugänglich sein. "Die Bedingung der Meßbarkeit verlangt auch eine Beschränkung auf jene Lernergebnisse, die sofort, d.h. nach Beendigung des Unterrichtzeitraumes, meßbar sind. Diese Willkür muß aus technischen Gründen in Kauf genommen werden" (S. 92). Wir haben auf die Problematik dieser Operationalisierung bereits hingewiesen (unter 1.3 111). "Hier muß jedoch noch vermerkt werden, daß eine Ausbildung, die sich in zunehmender Weise auf Inhalte beschränkt, die mit den gegenwärtigen Meßinstrumenten zu quantifizieren sind, bzw. durch das methodische Instrumentarium zu quantifizieren präpariert werden, auch für die Nachfrager von Qualifikationen (Staat und Unternehmer - d. Verf.) dysfunktional wird" (HUISKEN 1972, S. 201/202). Wir werden bei der Behandlung des Qualifikationsbegriffs hierauf noch weiter eingehen (siehe 1.6 3 und 1.6 4).

1.4 Exkurs: Marxistische Kategorien zur Kritik der politischen Ökonomie

Wenn wir uns in diesem Abschnitt mit einer Kurzdarstellung marxistischer Kategorien beschäftigen, so tun wir das erst nach langem Zögern und mit schlechtem Gewissen.
Das deshalb, weil wir selbst noch überhaupt nicht in der Lage sind, eine der Problematik angemessene Rezeption zu liefern. So sind wir gezwungen, die Beweisführung an Stellen abzubrechen, an denen sie zu einem umfassenderen Verständnis weitergeführt werden müßten. Das mag uns den berechtigten Vorwurf eintragen, auftretende Widersprüche nicht oder nur ansatzweise lösen zu können. Wir nehmen diesen Vorwurf auf uns, weil wir glauben, nur über die Diskussion marxistischer Kategorien zu einer Einschätzung "kompensatorischer Erziehung" und ihrer soziologischen Implikationen gelangen zu können. Wir möchten aber noch einmal vor Illusionen warnen: Die Lektüre des folgenden Abschnitts kann auf gar keinen Fall als Ersatz etwa für das Studium des Ersten Band des Kapital dienen, allenfalls zur Motivation, an einem Kapitalarbeitskreis teilzunehmen.

Noch ein Wort zur Terminologie:

Es scheint ein beliebter Zeitvertreib bürgerlicher Wissenschaftler zu sein, denjenigen, der von "Arbeitern" und "Arbeiterklasse" spricht, mit larmoyantem Lächeln darauf hinzuweisen, daß er gar nicht wisse, von wem und von was er spreche. Schließlich sei auch der Manager ein Lohnarbeiter, haha, und der würde wohl auch ausgebeutet, nicht wahr?
Doch weist solch feinsinniger Humor nur auf das eigene Versagen hin, das von einer "nivellierten Mittelstandsgesellschaft" tönt und die Maiunruhen 1968 in Frankreich nicht erklären kann. Aber es ist tatsächlich nicht Aufgabe bürgerlicher Wissenschaft, eine Klassenanalyse vorzunehmen. Sie darf sich getrost mit immer differenzierteren Schichtmodellen abgeben und zu Einordnungszwecken den Bildungsweg der Bürger bis ins dritte und vierte Glied zurückverfolgen, um dem Geheimnis gesellschaftlicher Ungleichheit nicht auf die Spur zu kommen. Gesellschaftliche Verhältnisse bekommt sie damit nicht in den Griff. Das ist auch die Aufgabe der Arbeiterbewegung, und die Studentenbewegung kann ihr hierbei behilflich sein.

Zugegebenermaßen aber steht die Diskussion über die Klassenanalyse noch in ihren ersten Anfängen. 12 Jahre Faschismus und 20 Jahre Antikommunismus zeigen auch hier ihre Auswirkungen. Dennoch wäre es falsch - und hier stimmen wir HUISKEN zu, die Verwendung der Kategorien Arbeiter und Kapitalist solange zu suspendieren, bis eine differenzierte Klassenanalyse eine eindeutige Zuordnung ermöglicht. "Im theoretischen Zusammenhang sind nicht Personen gemeint, auch nicht spezielle betriebliche Funktionen, sondern ökonomische Verhältnisse, die unabhängig vom Wandel des Kapitalismus dennoch bestehen, ihn selbst konstituieren" (HUISKEN 1972, S. 392, Anm. 31).

1.4 1 Die Ware

"Der Reichtum der Gesellschaften, in welchen kapitalistische Produktionsweise herrscht, erscheint als eine 'ungeheure Warensammlung', die einzelne Ware als seine Elementarform. Unsere Untersuchung beginnt daher mit der Analyse der Ware" (Kapital I, S. 49). Die Ware ist nach MARX "zunächst ein äußerer Gegenstand, ein Ding, das durch seine Eigenschaften menschliche Bedürfnisse irgendeiner Art befriedigt" (Kapital I, S. 49). Dadurch hat die Ware einen Gebrauchswert.

1.4 11 Der Gebrauchswert

Eine Ware wird dann und nur dann konsumiert, wenn sie für den Konsumenten einen Nutzen hat. Diesen Nutzen zieht der Konsument aus den natürlichen Eigenschaften der Ware, aus ihren Qualitäten. Er kauft sich Brot, um es zu essen und ein Auto, um damit zur Arbeit zu fahren. Der Gebrauchswert der Ware (hier: Brot und Auto) verwirklicht sich dadurch, daß der Käufer dieser Ware sie in Gebrauch nimmt oder konsumiert. Diese qualitative Seite der Ware, ihre spezifische Nützlichkeit für den Konsumenten, stellt den Gebrauchswert der Ware dar. Entscheidend für die Konsumtion einer Ware ist das menschliche Bedürfnis, das durch die Konsumtion befriedigt werden soll. Den unterschiedlichen Bedürfnissen entsprechen Produkte mit unterschiedlichen Eigenschaften. In Bezug auf ihren Gebrauchswert sind also die Waren durch ihre unterschiedliche Qualität voneinander verschieden.

1.4 12 Der Tauschwert

Die unterschiedliche Qualität einer Ware, die sich in ihren unterschiedlichen Gebrauchswerten darstellt, stellt aber nur die eine Seite der Ware dar. Denn Waren mit unterschiedlichen Gebrauchswerten können von ihren Besitzern ausgetauscht werden, weil sie verschiedene Bedürfnisse befriedigen. So könnte - wenn wir einmal vom Geld in seiner den Austausch vereinfachenden Funktion absehen - z. B. ein Bäcker mit einer Autofabrik vereinbaren, im Laufe eines Monats 6 000 Brote zu liefern und dafür ein Auto zu erhalten. Bei diesem Tauschverfahren werden also Waren mit unterschiedlichen Gebrauchswerten (unterschiedlichen Qualitäten) quantitativ gleichgesetzt (6 000 Brote = 1 Auto). Also müssen diese Waren, um getauscht werden zu können, etwas Gemeinsames haben, das nicht auf ihrer spezifischen Qualität beruht. "Das Gemeinsame, was sich im Austauschverhältnis oder Tauschwert der Ware darstellt, ist also ihr Wert" (Kapital I, S. 53).

1.4 13 Der Wert

Worauf beruht aber das Gemeinsame aller Waren, das sich im Tausch konkretisiert? Alle Waren haben die gemeinsame Eigenschaft, Produkte menschlicher Arbeit zu sein. Was sie von unmittelbaren Naturgegenständen unterscheidet, ist die Tatsache, daß die Menschen Arbeit aufgewendet haben, um diese Waren hervorzubringen. Dem Wert der Ware liegt also die in ihm vergegenständlichte menschliche Arbeit zugrunde. Darin sind alle Waren gleich. (Zur Wertgröße siehe 1.4 23).

1.4 2 Die Arbeit

Dem Doppelcharakter der Ware als Einheit von Gebrauchswert und Tauschwert (diese Tatsache war auch der klassischen Ökonomie vor MARX bekannt) entspricht der Doppelcharakter der Arbeit, den MARX als seine "wichtigste wissenschaftliche Entdeckung" bezeichnet hat (HUISKEN 1971, S. 175).

"Alle Arbeit ist einerseits Verausgabung menschlicher Arbeitskraft im physiologischen Sinn und in dieser Eigenschaft gleicher menschlicher oder abstrakt menschlicher Arbeit bildet sie den Warenwert. Alle Arbeit ist andererseits Verausgabung menschlicher Arbeitskraft in besonderer, zweckbestimmter Form, und in dieser Eigenschaft konkreter nützlicher Arbeit produziert sie Gebrauchswerte" (Kapital I, S. 61).

Im Produktionsprozeß zeigt sich der Doppelcharakter der Arbeit. Einerseits ist der Produktionsprozeß ein Prozeß, in dem Gebrauchswerte mit verschiedenen Qualitäten geschaffen werden (z. B. Brot und Auto), andererseits ist dieser Arbeitsprozeß gleichzeitig ein Verwertungsprozeß, in dem Produkte oder Waren wegen ihres Tauschwertes produziert werden (siehe dazu 1.4 42).

1.4 21 Die konkrete Arbeit

Als Gebrauchswerte sind die Waren Produkte konkreter spezifischer Arbeit. Zur Herstellung eines Autos sind andere Arbeitsverrichtungen und andere individuelle Fähigkeiten notwendig als zum Backen eines Brotes. Diese konkreten Arbeiten unterscheiden sich also, man kann sie nicht miteinander vergleichen. Sie schaffen den Gebrauchswert der Ware. Die konkrete Arbeit, also die Arbeit des Bäckers oder die des Schmieds, ist unabhängig von verschiedenen Gesellschaftsformationen und Epochen, ist eine Existenzbedingung des Menschen.

1.4 22 Die abstrakte Arbeit

Bei aller Unterschiedlichkeit in der Arbeit der einzelnen Warenproduzenten wird jedoch mit jeder konkreten Arbeit allgemein menschliche Energie verausgabt, werden Gehirn und Muskeln beansprucht. Die konkrete spezifische Arbeit des einzelnen Warenproduzenten ist ein Teil der abstrakten gesellschaftlichen Gesamtarbeit. Sie ist Verausgabung menschlicher Arbeitskraft schlechthin. Dies ist das Allgemeine jeder konkreten Arbeit, das das Gleiche in den Waren konstituiert. In dieser Form (als abstrakte Arbeit, als Verausgabung allgemein menschlicher Energie) bildet sie den Wert der Ware.

1.4 23 Wertgröße und gesellschaftliche Durchschnittsarbeit

Der Wert einer Ware ist also das Resultat abstrakter Arbeit. Er wird bestimmt durch die Arbeitszeit, die für seine Produktion aufgewendet wurde. Mit der Länge der Arbeitszeit wächst auch der Wert des Produkts. Da die Wertgröße eine allgemeine gesellschaftliche Geltung besitzen soll, kann nicht die Arbeitsleistung eines einzelnen, bestimmten Produzenten, der faul oder fleißig, schnell oder langsam, geschickt oder ungeschickt mit einfachen oder komplizierten Maschinen arbeitet, zum Maßstab der Wertbildung gemacht werden, sondern wir müssen von einem gesellschaftlichen Durchschnittsgrad von Geschick und Intensität der Arbeit unter gesellschaftlich durchschnittlichen Produktionsbedingungen ausgehen. Dieser Durchschnittsgrad bestimmt die Wertgröße der Ware. (Zur Wertgröße der Arbeit siehe 1.4 41).

1.4 3 Einfache und kapitalistische Warenproduktion

1.4 31 Die einfache Warenproduktion

In der einfachen Warenproduktion besitzt der Produzent der Waren seine eigenen Produktionsmittel, deren Produkte er verkauft, um andere Produkte kaufen zu können, die seine individuellen Bedürfnisse befriedigen. "Die einfache Warenzirkulation - der Verkauf für den Kauf - dient zum Mittel für einen außerhalb der Zirkulation liegenden Endzweck, die Aneignung von Gebrauchswerten, die Befriedigung von Bedürfnissen" (Kapital I, S. 167).
Das ist der Kreislauf Ware - Geld - Ware (W-G-W).

1.4 32 Die kapitalistische Warenproduktion

Im Kapitalismus befinden sich nun die Produktionsmittel nicht mehr, wie in der einfachen Warenproduktion, in der Hand der unmittelbaren Produzenten, sondern im Besitz einer Minderheit von Kapitalisten, während die Arbeit von Lohnarbeitern geleistet wird. "Die Natur produziert nicht auf der einen Seite Geld- oder Warenbesitzer und auf der andren bloße Besitzer der eigenen Arbeitskräfte. Dieses Verhältnis ist kein naturgeschichtliches und ebensowenig ein gesellschaftliches, das allen Geschichtsperioden gemein wäre. Es ist offenbar selbst das Resultat einer vorhergegangenen historischen Entwicklung, das Produkt vieler ökonomischer Umwälzungen, des Untergangs einer ganzen Reihe älterer Formationen der gesellschaftlichen Produktion" (Kapital I, S. 183).

Wir können hier den geschichtlichen Prozeß der "Befreiung" der Produzenten von ihren Produktionsmitteln nicht aufzeigen (siehe dazu Kapital I, 24. Kapitel: Die sogenannte ursprüngliche Akkumulation). Dieses historisch entstandene Verhältnis zwingt aber jetzt den Arbeiter, seine Arbeitskraft als Ware dem Kapitalisten zum Kauf anzubieten. Hierin unterscheidet sich der "freie" Arbeiter vom Sklaven. Der Arbeiter verkauft auf dem Markt dem Kapitalisten die Verfügung über seine Arbeitskraft, wobei er sie dem Käufer "stets nur vorübergehend, für einen bestimmten Zeitraum, zur Verfügung stellt, zum Gebrauch überläßt, also durch ihre Veräußerung nicht auf sein Eigentum an ihr verzichtet" (Kapital I, S. 182).

Der Kapitalist tritt auf dem Markt als Käufer der Ware Arbeitskraft auf, die er im Produktionsprozeß konsumieren will, um zweierlei zu erreichen: "Erstens will er einen Gebrauchswert produzieren, der einen Tauschwert hat, einen zum Verkauf bestimmten Artikel, eine Ware. Und zweitens will er eine Ware produzieren, deren Wert höher ist als die Wertsumme der zu ihrer Produktion erheischten Waren, der Produktionsmittel und der Arbeitskraft, für die er sein gutes Geld auf dem Warenmarkt vorschoß. Er will nicht nur einen Gebrauchswert produzieren, sondern eine Ware, nicht nur Gebrauchswert, sondern Wert, nicht nur Wert, sondern Mehrwert" (Kapital I, S. 201 - siehe auch 1.4 4 ff.).

Der Kapitalist geht also mit Geld auf den Markt, kauft dort Waren ein (Arbeitskraft und Produktionsmittel) und kehrt mit den Resultaten des Produktionsprozesses, nämlich Waren, auf den Markt zurück, die er wieder in Geld zurückverwandelt. Das ist der Kreislauf Geld - Ware - Geld (G-W-G).

Die einfache Warenproduktion W-G-W ist ein in sich abgeschlossener und sinnvoller Kreislauf. Der unmittelbare Warenproduzent tauscht die von ihm produzierte Ware, die für ihn keinen Gebrauchswert hat, gegen Geld und mit diesem Geld kauft er Waren ein, die seine Bedürfnisse befriedigen, also für ihn einen Gebrauchswert haben.

Der kapitalistische Produktionsprozeß dagegen scheint sinnlos zu sein. Bei dem Kreislauf G-W-G befindet sich am Ende nicht mehr Geld als am Anfang, der Geldbesitzer hat auch keinen für ihn nützlichen Gebrauchswert erhalten.

1.4 4 Der Mehrwert

Wir haben gesehen, daß der Kreislauf offensichtlich sinnlos ist, wenn er sich in der Form G-W-G vollzieht. Sinnvoll wird er erst dann, wenn der Geldbesitzer am Ende mehr Geld erhält, als er vorgeschossen hat. Der ursprüngliche Geldwert muß im Produktionsprozeß eine Wertvergrößerung durchgemacht haben, er muß Mehrwert erzeugt haben.
Das ist dann der Kreislauf Geld - Ware - Geld + Mehrwert (G-W-G').

Diese Wertveränderung kann nicht mit dem vorgeschoßnen Geld vor sich gegangen sein, denn das Geld stellt sowohl beim Kauf (G-W) wie beim Verkauf (W-G) nur den Wert der Ware dar, eine feste Summe. Daraus folgt: Aus der Zirkulation entspringt kein Mehrwert. Der Wertzuwachs, den der Kapitalist aus dem Produktionsprozeß zieht, muß also mit der Ware selbst zusammenhängen. Da er aber nicht aus dem Wert der Ware entspringen kann, muß er aus ihrem Gebrauch, aus ihrem Gebrauchswert erfolgen. Es muß also auf dem Markt eine Ware geben, durch deren Verbrauch der Kapitalist einen Wertzuwachs erzielen kann. Diese Ware findet der Geldbesitzer in der menschlichen Arbeitskraft, die ihm der Arbeiter verkauft. Erst durch den Kauf und Verbrauch dieser mehrwertschaffenden Arbeitskraft wird der Geldbesitzer oder der einfache Warenproduzent zum Kapitalisten.

1.4 41 Der Wert der Ware Arbeitskraft

Der Wert der Arbeitskraft wird zunächst bestimmt wie der Wert jeder beliebigen Ware; durch die Kosten, die zu seiner Herstellung benötigt werden. Da die Arbeitskraft nur als Anlage des lebendigen Individuums existiert, besteht die Produktion der Arbeitskraft in der "Reproduktion oder Erhaltung" der "Existenz des Individuums" (Kapital I, S. 185). Um seine Arbeitskraft reproduzieren zu können, muß der Arbeiter essen, wohnen, schlafen und sich kleiden können. Da er sterblich ist, muß er für "Ersatzmänner" (Kinder) und deren Existenzmittel sorgen. Der Wert der Ware Arbeitskraft wird also bestimmt durch den Wert der zu ihrer Reproduktion notwendigen Existenzmittel. Diese sind "verschieden je nach den klimatischen und andren natürlichen Eigentümlichkeiten eines Landes. Andererseits ist der Umfang sog. notwendiger Bedürfnisse, wie die Art ihrer Befriedigung, selbst ein historisches Produkt und hängt daher großenteils von der Kulturstufe eines Landes, unter anderem auch wesentlich davon ab, unter welchen Bedingungen, und daher mit welchen Gewohnheiten und Lebensansprüchen die Klasse der freien Arbeiter sich gebildet hat. Im Gegensatz zu den anderen Waren enthält also die Wertbestimmung der Arbeitskraft ein historisches und moralisches Element" (Kapital I, S. 185). (Dies sei denen hinter die Ohren geschrieben, die beim Anblick eines Kühlschranks und eines Fernsehers in und eines VWs vor einer Arbeiterwohnung sich gar nicht mehr halten können vor lauter Verwunderung über diesen Reichtum und ihn als Indiz dafür benützen, daß die Ausbeutung nun endgültig überwunden sei. MARX hat, wie dieses Zitat zeigt, diese dümmlichen Einwände vorweggesehen).

1.4 42 Der Produktionsprozeß als Einheit von Arbeitsprozeß und Verwertungsprozeß

In jedem Arbeitsprozeß wird konkrete, nützliche Arbeit zur Herstellung von Gebrauchswerten verausgabt. Dieser Prozeß ist unabhängig von einer bestimmten menschlichen Organisationsform und allen Gesellschaftsformen gemeinsam. Die Besonderheit der kapitalistischen Produktionsweise besteht nun darin, daß der Arbeitsprozeß zugleich zur Produktion von Mehrwert dient. Der kapitalistische Produktionsprozeß ist damit Einheit von Arbeitsprozeß einerseits und Verwertungsprozeß des Kapitals andererseits. Der Kapitalist produziert Waren, aber nicht wegen ihres Gebrauchswertes, sondern allein des Tauschwertes wegen, da es ihm auf den Mehrwert ankommt. Dieser Mehrwert beruht letztlich auf der Differenz zwischen den Kosten, die zur Reproduktion und Produktion der Arbeitskraft nötig sind und dem Wert, den der Kapitalist aus der Konsumtion der Ware Arbeitskraft, d.h. der Arbeit zieht. Der Wert der Arbeitskraft und ihre Verwertung im Produktionsprozeß sind also zwei verschiedene Größen: "Die ersteres bestimmt ihren Tauschwert, die andre bildet ihren Gebrauchswert"

(Kapital I, S. 208).

1.4 43 Der absolute Mehrwert

Mit dem Kauf der Ware erwirbt der Käufer das Recht, diese zu konsumieren. So konsumiert der Kapitalist den Gebrauchswert der Ware Arbeitskraft, indem er den Arbeiter für sich arbeiten läßt. "Der Geldbesitzer hat den Tageswert der Arbeitskraft bezahlt; ihm gehört daher ihr Gebrauch während des Tages, die tagelange Arbeit. Der Umstand, daß die tägliche Erhaltung der Arbeitskraft (z. B. - d. Verf.) nur einen halben Arbeitstag kostet, obgleich die Arbeitskraft einen ganzen Tag wirken, arbeiten kann, daß daher der Wert, den ihr Gebrauch während eines Tages schafft, doppelt so groß ist als ihr eigener Tageswert, ist ein besondres Glück für den Käufer, aber durchaus kein Unrecht gegen den Verkäufer" (Kapital I, S. 208).

Wie wir gesehen haben (1.4 4 und 1.4 42) ist die Produktion von Mehrwert der die kapitalistische Produktion bestimmende Zweck. Gleichzeitig hat der Kapitalist ein Interesse daran, den Anteil für die Kosten der Ware Arbeitskraft möglichst gering zu halten.

Das kann einmal dadurch erreicht werden, daß die Arbeitszeit selbst verlängert wird, so daß z. B. der Arbeiter statt bislang vier von acht Stunden nun nur noch vier von zehn Stunden für sich arbeitet. "Durch Verlängerung des Arbeitstages produzierten Mehrwert nenne ich absoluten Mehrwert" (Kapital I, S. 334). Der Kapitalist kann aber schon allein wegen der physischen Grenzen des Arbeiters den Arbeitstag nicht beliebig verlängern. Er muß daher auf andere Weise den Mehrwert steigern.

1.4 44 Der relative Mehrwert

Produktivitätssteigerungen können nun nicht nur durch Verlängerung des Arbeitstages erreicht werden, sondern auch durch Verbesserung der Arbeitsmittel (Maschinen) und Rationalisierung der Arbeitskraft (REFA z. B.). Den dadurch gewonnenen Mehrwert nennt MARX den "relativen Mehrwert"

(Kapital I, S. 335). Um diesen Prozeß richtig zu verstehen, ist es nötig, sich die Faktoren näher anzusehen, die den Produktionsprozeß bestimmen:

1.4 45 Konstantes und variables Kapital

Unter 1.4 4 und 1.4 42 haben wir gezeigt, wie sich der Geldbesitzer in den Kapitalisten verwandelt. Daraus folgt, daß Geld dann und nur dann zu Kapital wird, wenn es in den Produktionsprozeß gepumpt wird, um Mehrwert zu erzeugen, also im Kreislauf G-W-G'.

Die Waren, die der Kapitalist auf dem Markt mit seinem Geld kauft, sind die Arbeitskraft (AK) und die Produktionsmittel (PM): Wir erhalten also die Formel:

G - W (= AK + PM) - G'

Die Faktoren AK und PM des Produktionsprozesses spielen bei der Bildung des Warenwerts und damit bei der Produktion des Mehrwerts eine verschiedene Rolle und müssen deshalb begrifflich unterschieden werden.

Im Produktionsprozeß werden die Maschinen, die zur Herstellung von Produkten vom Arbeiter betätigt werden, abgenutzt. Durch diese Abnutzung entsteht eine Wertminderung der Maschine. Dieser Wert geht jedoch nicht verloren, sondern wird in gleicher Höhe auf das Produkt übertragen durch die konkrete Arbeit. Der Wert der Produktionsmittel bleibt also unverändert erhalten. Deswegen nennt MARX den Kapitalteil, der für den Kauf von Produktionsmitteln verwendet wird, konstantes Kapital (c). Gleichzeitig setzt aber der Arbeiter durch seine Arbeit der Ware Neuwert zu. Das kann nur durch die Doppelseitigkeit der Arbeit erklärt werden. Dieser neuproduzierte Wert ist das Resultat von Arbeitskraft schlechthin, also von abstrakter Arbeit.

Während also der in Produktionsmittel umgesetzte Kapitalteil seinen Wert beibehält, verändert der in Arbeitskraft umgesetzte Teil seinen Wert im Produktionsprozeß. Der Wert der Ware Arbeitskraft bestimmt sich durch den Wert der zu seiner Produktion notwendigen Lebensmittel (siehe 1.4 41). Der in Arbeitskraft umgesetzte Teil des Kapitals "reproduziert sein eigenes Äquivalent und einen Überschuß darüber (siehe 1.4 4 und 1.4 42 - d. Verf.), Mehrwert, der selbst wechseln, größer oder kleiner sein kann. Aus einer konstanten Größe verwandelt sich dieser Teil des Kapitals fortwährend in eine variable. Ich nenne ihn daher (...) variables Kapital" (v) (Kapital I, S. 224).

Durch den Produktionsprozeß entsteht also eine Ware, deren Wert größer ist als der Wert der eingekauften Waren AK und PM. Diese Ware wird dann zu ihrem Wert verkauft.

Zur Verdeutlichung:

In der einfachen Warenproduktion bestand der Kreislauf

W - G - W (siehe 1.4 31)

In der kapitalistischen Produktion ändert er sich in

G - W - G (siehe 1.4 32)

Dieser Prozeß wird erst durch die Produktion von Mehrwert sinnvoll:

G - W - G' (siehe 1.4 4)

Die Verwandlung von G in G' kann jetzt folgendermaßen gezeigt werden:

G - W(= AK + PM) - G' (siehe oben)

Der Produktionsprozeß (P) findet zwischen W(AK+PM) und G' statt. In ihm wird eine Ware (W') produziert, deren Wert größer ist als der Wert der Ware Arbeitskraft und Produktionsmittel. Wir haben also folgenden Kreislauf:

G - W(AK+PM) - P - W' - G' (siehe auch MARX-Arbeitsgruppe Historiker 1971, S. 36)

Wie kann nun dieser Mehrwert bestimmt werden?
Wie wir oben gezeigt haben, kauft der Geldbesitzer auf dem Markt Maschinen, also Produktionsmittel (PM) und Arbeitskraft (AK), indem er für die Produktionsmittel konstantes Kapital einsetzt (c) und für die Arbeitskraft variables (v), (wobei zu den Produktionsmitteln neben den Maschinen auch die Gebäude, der Grund und Boden und die Rohstoffe zählen). Das vorgeschossne Gesamtkapital (C) teilt sich also auf in c und v. Dieses vorgeschossne Kapital erhält der Geldbesitzer zurück, wenn er die produzierten

Waren verkauft hat. Nun haben wir gesehen, daß durch den Produktionsprozeß eine Ware entsteht, deren Wert größer ist als das vorgeschossne Kapital für AK und PM. Somit muß auch das Kapital, das der Kapitalist nach dem Verkauf der Ware erhält, um es wieder neu zu investieren, größer sein als das ursprüngliche:

Wir stellen also fest:

$$C = c + v$$

Im Produktionsprozeß wird Mehrwert (m) erzeugt:
C wird in C' verwandelt:

$$C' = c + v + m$$

1.4 46 Die Mehrwertrate und die Profitrate

Wie wir unter 1.4 45 gezeigt haben, wird im Produktionsprozeß der Ware durch die abstrakte Arbeit Neuwert zugesetzt. Dieser Neuwert wird gemäß dem Verhältnis zwischen dem Mehrwert und den Löhnen für die Arbeiter aufgeteilt und gibt den Grad der Ausbeutung an. Dieses Verhältnis ist die Mehrwertrate:

$$\frac{m}{v}$$

Da der Kapitalist aber nicht daran interessiert ist, den Produktionsprozeß als Ausbeutungsprozeß erscheinen zu lassen, setzt er den produzierten Mehrwert in ein Verhältnis zu dem eingesetzten Gesamtkapital. Das ist die Profitrate:

$$\frac{m}{c + v}$$

(Diese Unterscheidung zwischen Profitrate und Mehrwertrate ist für die Bestimmung der Bildungskosten für die Ware Arbeitskraft wichtig - siehe 1.5 1).

1.4 47 Die Jagd nach dem Extraprofit und der tendenzielle Fall der Profitrate

Da der Produktionsprozeß im Kapitalismus nur der Produktion von Mehrwert dient (so interessiert den Kapitalisten an den Waren, die er produzieren läßt, nur insoweit der Gebrauchswert, als er ihm den Tauschwert realisieren hilft), geht eine Ausweitung des Mehrwerts immer zu Lasten von v (dem variablen Kapital = Lohn (Salair) für die Arbeitskräfte). Die ständige Ausweitung des Mehrwerts aber entspringt nicht dem "bösen Willen" des Kapitalisten, sondern ist ein Zwang, der aus der Konkurrenz erfolgt. Da nämlich die Gesamtmenge des in einer Gesellschaft produzierten Mehrwertes eine feste Größe ist, die von der Gesamtarbeitszeit der von den Arbeitern in der Produktion geleisteten Arbeit abhängt, kann eine Erhöhung des Mehrwerts für einen Einzelkapitalisten nur durch eine Verminderung des Mehrwerts für einen anderen Einzelkapitalisten vorgenommen werden. Um sich also einen bestimmten Anteil am Markt zumindest zu sichern, muß der Einzelkapitalist versuchen, seine Waren möglichst billig (und möglichst billiger als der Konkurrent) zu verkaufen.

Das kann er nur, indem er durch rationellere Arbeitsteilung und verbesserte Maschinen mehr und dadurch billigere Waren erzeugt. Dadurch wird in seinem Betrieb zur Produktion derselben Warenmenge weniger Arbeitszeit gebraucht als in den Konkurrenzbetrieben und sie wird dadurch billiger. Durch die Erhöhung der Produktivität in einem Betrieb aber wird die gesellschaftlich notwendige Durchschnittsarbeitszeit (siehe 1.4 23) nicht (genauer: nur völlig unwesentlich) verändert. Dies ermöglicht dem Kapitalisten, einen Preis für die Ware festzusetzen, der über dem individuellen, aber unter dem gesellschaftlichen Wert der Ware liegt. Er erzielt dadurch einen Extraprofit. "Der Kapitalist, der die verbesserte Produktionsweise anwendet, eignet sich daher einen größern Teil des Arbeitstages für die Mehrarbeit an, als die übrigen Kapitalisten in demselben Geschäft. Er tut im einzelnen, was das Kapital bei der Produktion des relativen Mehrwert im großen und ganzen tut" (Kapital I, S. 337).

Das Kapital wandert aber immer in jene Industriezweige, in denen es Extraprofite gibt (daran zeigt sich auch, daß dem Kapitalisten der Gebrauchswert der Ware, die er produziert, völlig egal ist). Dadurch wird es den Zweigen entzogen, deren Profit nur auf oder unter der Durchschnittsrate liegt. Auf diese Weise nähert sich die allgemeine Profitrate wieder dem Durchschnitt an, denn der Kapitalzufluß in die Zweige, in denen bisher ein Extraprofit erzielt wurde, führt dort zu einer scharfen Konkurrenz und damit zu Preissenkungen und auf diese Weise zur Verringerung der Profitrate.

Auf der Jagd nach dem Extraprofit, ist der Kapitalist gezwungen, in seinem Bereich an der Spitze des technischen Fortschritts zu stehen. Das kann er neben der Erhöhung der Arbeitsintensität nur durch Verbesserung der technischen Einrichtung. Das aber führt zu einer Erhöhung des konstanten Kapitals (c). Da aber der Mehrwert (m) ausschließlich vom variablen Kapital (v) produziert wird, dessen Anteil am eingesetzten Gesamtkapital (C = c + v) im Verhältnis zu c kleiner wird, verringert sich auch die Profitrate, es kommt zu ihrem tendenziellen Fall. (Dieser Fall ist aber nur tendenziell, denn die Verbesserung der Maschinerie führt zu erhöhter Arbeitsproduktivität, was wiederum eine Erhöhung des relativen Mehrwerts und damit der Mehrwertrate bedeutet (siehe dazu auch MANDEL 1972, S. 196 ff.)).

1.5 Zur politischen Ökonomie des Ausbildungssektors

Haben wir bisher mit der Darstellung der bürgerlichen Makro- und Mikroökonomie des Bildungswesens und einer nur sehr unvollkommenen Kurzdarstellung marxistischer Kategorien lediglich die Vorarbeiten zu einer politischen Ökonomie des Ausbildungssektors geleistet, müssen wir nun feststellen, daß uns dieser Teil unter der Hand zu einem Umfang angewachsen ist, der sich zwar aus der behandelten Stoffülle erklärt, uns aber nun zwingt, unser eigentliches Anliegen straffer darzustellen, als es uns lieb ist.

Dennoch glauben wir diesem Dilemma nicht entgehen zu können. Um den ideologischen Charakter bürgerlicher Bildungsökonomie aufdecken zu können, müssen wir ihre und unsere Grundlagen und Kategorien explizieren. Erst von hier aus ist eine fundierte Kritik möglich, die von uns freilich nur in Ansätzen geleistet werden kann. Wer uns dabei dem frechen Dualismus von konstruktiver und destruktiver Kritik unterwerfen möchte, kommt hier voll auf seine Kosten. "Politische Ökonomie ist keine positive Planungswissenschaft wie die bürgerliche Ökonomie, sondern ist deren wissenschaftliche Kritik vom Standpunkt der Arbeiterklasse aus" (BAETHGE 1972, S. 4).

1. 5 1 Zur ökonomischen Funktion des Bildungssystems

Betrachten wir zunächst einmal den Fond, aus dem das Bildungssystem finanziert wird. Die Erkenntnis, daß diese Finanzierung hauptsächlich durch die eingezogenen Steuern erfolgt, bringt uns nicht weiter, solange wir nicht wissen, aus welchem Fond die Steuern bezahlt werden. Diese Steuern stellen in der Hauptsache einen Teil des im produktiven Sektor produzierten Gesamtwertprodukts dar, sind einmal ein Teil der Löhne der Arbeiter, (also ein Teil von v) und ein Teil der Einkommen der Kapitalisten (die sich einen Teil des durch den Einsatz von v geschaffenen Mehrwerts m zum persönlichen Verbrauch aneignen). (Wir vernachlässigen hier aus quantitativen Gründen weitere Einnahmequellen, wie Staatsanleihen, indirekte Steuern und die Produktion und den Verkauf von Waren staatlicher Betriebe - siehe dazu MANDEL 1972, S. 363 f.).

Aus diesem Steuereinkommen wird dann u. a. das öffentliche Bildungswesen finanziert. Dieser Vorgang ist aus der Sicht des Arbeiters (wir vernachlässigen hier die Funktion des Staates als "ideeller Gesamtkapitalist") ganz vernünftig. Gäbe es nur Privatschulen, müßte er sein Geld direkt an den Schulbesitzer zahlen, dessen Dienstleistung er für sich (bzw. seine Kinder) in Anspruch nimmt. So aber kassiert hier der Staat kollektiv die Steuern, die Bestandteil des Lohnes, also des Äquivalents der Ware Arbeitskraft sind. Durch die Konsumtion des Arbeiters von Bildung geht dann dieser vorher kassierte Anteil wieder in den Wert der Ware Arbeitskraft ein. "Was auf der einen Seite genommen wird, wird auf der anderen Seite wieder gegeben" (HUISKEN 1972, S. 249). Wir werden auf diesen Aspekt unter 1.5 2 noch ausführlich zurückkommen.

Aus der Sicht des Kapitalisten stellt sich dieser Prozeß allerdings widersprüchlich dar. Um die Arbeitskraft, die er kauft, um sie im Produktionsprozeß zu konsumieren, auch wertbildend einsetzen zu können, bedarf es konkreter Qualifikationen, die durch die Konsumtion des Arbeiters von Bildung erworben werden. Die Konsumtion von Bildung erhöht aber gleichzeitig den Wert der Ware Arbeitskraft, erhöht damit das variable Kapital und führt so zu einer Kürzung der Mehrwertrate und der Profitrate. Der Kapitalist wird also nur dann einer Ausweitung des Bildungswesens zustimmen, wenn die dadurch hervorgerufene Steigerung des Wertes der Ware Arbeitskraft sich in einer Steigerung der Verwertungsmöglichkeit dieser Ware im Produktionsprozeß ausdrückt. Wobei die erhöhte Verwertungsmöglichkeit einmal in der Anpassung des "Gesamtarbeiters" an die veränderte Qualifikationsstruktur bestehen kann, zum andern in der Vermittlung "wirtschaftsdienlicher Einstellungen und Verhaltensweisen", worauf vor allem BAETHGE (1971, S. 77) hingewiesen hat.

Schon aus dieser knappen Bestimmung des Bildungssystems wird der völlig illusionistische Charakter makroökonomischer Modelle der Art des "individual-" bzw. "social-demand-approach" und ihrer ideologischen Sozialstaatsillusion deutlich, wie er sich besonders bei Wolfgang BERGERs Theorie der Bildungsnachfrage gezeigt hat (siehe 1.2 11).

1.5 2 Zur ökonomischen Funktion des Schülers im Ausbildungsprozeß

Für den Schüler ist der Ausbildungsprozeß - wir haben oben bereits darauf hingewiesen - nichts anderes als ein Konsumtionsprozeß.

Allerdings wird die Erkenntnis dieses Sachverhalts einmal dadurch erschwert, daß die Bezahlung für die Dienstleistung des Lehrers nicht direkt, sondern über den Staat erfolgt, zum andern dadurch, daß eine zumindest neunjährige Konsumtionspflicht für den Konsumierenden besteht. Andererseits aber ist der Schüler im eigenen Interesse auf diese Konsumtion von Lehrerdiensten angewiesen. Vergleichbar mit der Konsumtion von Lebensmitteln dient sie der "Selbsterhaltung der Auszubildenden, insofern sie einer bestimmten durchschnittlichen Erziehung und Ausbildung bedürfen, um überhaupt in einer Gesellschaft existieren zu können" (HUISKEN 1972, S. 280). Zugleich aber dient dieser Konsumtionsprozeß der Produktion und Reproduktion von Arbeitskraft.

Ausführlich hat MARX diesen doppelten Aspekt beschrieben:
"Innerhalb der Grenzen des absolut Notwendigen ist daher die individuelle Konsumtion der Arbeiterklasse Rückverwandlung der vom Kapital gegen Arbeitskraft veräußerten Lebensmittel in vom Kapital neu exploitierbare (= ausbeutbare - d. Verf.) Arbeitskraft. Sie ist Produktion und Reproduktion des dem Kapitalisten unentbehrlichsten Produktionsmittels, des Arbeiters selbst. Die individuelle Konsumtion des Arbeiters bleibt also ein Moment der Produktion und Reproduktion des Kapitals, ob sie innerhalb oder außerhalb der Werkstatt, Fabrik usw., innerhalb oder außerhalb des Arbeitsprozesses vorgeht, ganz wie die Reinigung der Maschine, ob sie während des Arbeitsprozesses oder bestimmter Pausen desselben geschieht. Es tut nichts zur Sache, daß der Arbeiter seine individuelle Konsumtion sich selbst und nicht dem Kapitalisten zulieb vollzieht. So bleibt der Konsum des Lastviehs nicht minder ein notwendiges Moment des Produktionsprozesses, weil das Vieh selbst genießt, was es frißt. Die beständige Erhaltung und Reproduktion der Arbeiterklasse bleibt beständige Bedingung für die Reproduktion des Kapitals. Der Kapitalist kann ihre Erfüllung getrost dem Selbsterhaltungs- und Fortpflanzungstrieb der Arbeiter überlassen. Er sorgt nur dafür, ihre individuelle Konsumtion möglichst auf das Notwendige einzuschränken" (Kapital I, S. 597/598).

Und als hätte Karl MARX die Ökonomen des Manpower-approach vor Augen gehabt, fährt er fort:
"Daher betrachtet auch der Kapitalist und sein Ideolog, der politische Ökonom, nur den Teil der individuellen Konsumtion des Arbeiters als produktiv, der zur Verewigung der Arbeiterklasse erheischt ist, also in der Tat verzehrt werden muß, damit das Kapital die Arbeitskraft verzehre; was der Arbeiter außerdem zu seinem Vergnügen verzehren mag, ist unproduk-

tive Konsumtion. (...) In der Tat: die individuelle Konsumtion des Arbeiters ist für ihn selbst unproduktiv, denn sie reproduziert nur das bedürftige Individuum; sie ist produktiv für den Kapitalisten und den Staat, denn sie ist Produktion der den fremden Reichtum produzierenden Kraft (der Arbeitskraft - d. Verf.)" (Kapital I, S. 598).

So zeigt sich der Grundwiderspruch zwischen Lohnarbeit und Kapital bereits in der Ausbildung. Würde der zukünftige Arbeiter eine Ausbildung konsumieren, die seine allseitige Entwicklung tatsächlich fördern würde - etwa im Hinblick auf Emanzipation, verstanden als Befreiung von der Herrschaft durch Ausbeutung - also über das "Notwendige" hinausginge, so wäre das für den Arbeiter eine produktive Konsumtion, für den Kapitalisten dagegen wäre sie unproduktiv. Für ihn ist nur die Konsumtion des Arbeiters produktiv, die darauf abzielt, den Gebrauchswert der Arbeitskraft für den Kapitalisten zu erhöhen. Die darüber hinausgehende, für den Kapitalisten unproduktive Konsumtion von Bildung durch den Arbeiter geht zwar auch in den Wert der Ware Arbeitskraft ein, kann sich aber nicht in gleicher Höhe gegen variables Kapital austauschen, da sie "keinen der Dauer der Ausbildung adäquaten Gebrauchswert für das Kapital besäße" (HUISKEN 1972, S. 282). HUISKEN hat darauf hingewiesen, "daß selbst liberale bildungspolitische Zielsetzungen wie 'Chancengleichheit' dann als unproduktive Konsumtion von Bildung begriffen werden müssen, wenn die formale Gewährung von Chancengleichheit im Ausbildungssektor nicht zugleich eine notwendige Funktion zur Rekrutierung von qualifizierten Arbeitskräften aus allen Schichten und Klassen der Gesellschaft besitzt" (HUISKEN 1972, S. 281).

Was bei dieser Behandlung des Ausbildungsprozesses Schwierigkeiten bereiten mag, ist die Unterscheidung zwischen reproduktiver und nichtreproduktiver Konsumtion, eine Unterscheidung, wie sie MARX bei der Bestimmung der Luxusproduktion getroffen hat (Resultate, S. 71) (Wir übersehen hier nicht die gesamtgesellschaftlich gesehen völlig verschiedene Funktion von Luxusproduktion und Ausbildungssektor). Auf den Ausbildungssektor angewendet können wir feststellen:
Reproduktive Konsumtion von Bildung ist die Konsumtion, die notwendig ist,

um den Arbeiter instand zu setzen, im Produktionsprozeß zu arbeiten (deutlich wird das bei der berufsspezifischen Fortbildung). Nichtreproduktive Konsumtion von Bildung ist solche, die keinen Gebrauchswert für den Reproduktionsprozeß des Arbeiters hat, die er sich als "Hobby" leistet, die über das "Notwendige" hinausgeht.

Wollte man mit dieser Bestimmung der Funktion des Schülers nun an die Definition POSCHs als "Mitproduzent" herangehen, so fällt die Kritik an ihm allzu leicht. Man kann ihm raten, seine "erprobten Forschungsmethoden der Betriebswirtschaft" in analoger Weise auf andere Bereiche des Dienstleistungssektors anzuwenden. So wird er, formuliert er die Analogie konsequent, zu dem erstaunlichen Ergebnis kommen, daß z. B. der Dienstleistungsprozeß einer Putzfrau auf diese Weise "optimiert" werden kann, daß derjenige, der sie in Anspruch nimmt, "mitproduziert", also selbst das Putztuch ergreift. Eine große Erkenntnis.

Bevor wir uns nun mit der Rolle des Lehrers im Ausbildungssektor beschäftigen, müssen wir noch zwei grundlegende Kategorien der marxistischen Kritik der politischen Ökonomie beschreiben, die im Kapitel 1.4 ausgespart wurden bzw. nur eine implizite Abhandlung erfuhren:

1.5 3 Produktive und unproduktive Arbeit

Die wissenschaftliche Beschäftigung mit den Kategorien produktive und unproduktive Arbeit hat erst in den letzten Jahren einen Umfang angenommen, der ihrer Bedeutung entspricht. Sie entsprang dem Bedürfnis der Studentenbewegung und wurde auch nur dort vorangetrieben, eine Erklärung dafür zu finden, daß die antiautoritäre Phase nicht nur auf keinen Widerhall in der Arbeiterklasse stieß, sondern breite Unterstützung in weiten Teilen der Bourgeoisie erfuhr und schließlich auch funktional für das Kapital eingesetzt werden konnte, dem es half, die Ineffektivität der Ordinarienuniversität sichtbar zu machen, den dort herrschenden Feudalismus und seine Lehrinhalte abzuschaffen und sie durch Lehrstrukturen und -inhalte zu ersetzen, die die Konsumtion von Bildung durch den Studenten produktiv für das Kapital gestalten.

An diesem Punkt waren die Studenten gezwungen, nicht mehr sich als das revolutionäre Subjekt zu betrachten, sondern die Klasse, die das Kapital erst schafft: die Arbeiterklasse. Die Studentenbewegung konnte sich nicht mehr als die "Avantgarde der Arbeiterklasse" verstehen, denn damit war sie gescheitert und das zu recht. Was daher nötig war, war eine Klassenanalyse der Gesellschaft, die das Verhältnis zwischen Studentenbewegung und Arbeiterklasse bestimmen und darüber hinaus auch Hinweise auf eine Bündnismöglichkeit der Arbeiterklasse mit Teilen der "neuen Mittelklasse" ermöglichen sollte. Hierbei hat sich auch die grundlegende Bedeutung der Begriffe produktive und unproduktive Arbeit herausgestellt.

Wir können diese Diskussion hier nicht fortführen (sie wurde und wird vor allem in zwei theoretischen Organen der Studentenbewegung geführt: in der Sozialistischen Politik (SoPo), ein Periodikum, das aber seit der Übernahme durch die Spartakisten aus dieser Diskussion weitgehend ausgeschieden ist, und dem Neuen Roten Forum (NRF) - siehe auch ALTVATER/HUISKEN 1971, S. 228 ff.).

Wir werden uns darauf beschränken, die Begriffe produktive und unproduktive Arbeit auf einer sehr abstrakten Ebene und dort sehr knapp zu behandeln:
Erscheint zunächst innerhalb eines Arbeitsprozesses - unabhängig von der konkreten gesellschaftlichen Formation, in der er stattfindet - jede Arbeit als produktiv, die im Austausch mit der Natur Produkte schafft, die der menschlichen Bedürfnisbefriedigung dienen, so reicht diese Bestimmung "keineswegs hin für den kapitalistischen Produktionsprozeß" (Kapital I, S. 196, Anm. 7). Hier ist vielmehr nur solche Lohnarbeit produktiv, "die im Austausch gegen den variablen Teil des Kapitals (den in Salair ausgelegten Teil des Kapitals) nicht nur diesen Teil des Kapitals produziert (oder den Wert ihres eigenen Arbeitsvermögens), sondern außerdem Mehrwert für den Kapitalisten produziert" (Theorien I, S. 122).

Die Bestimmung der produktiven Arbeit hängt danach ausschließlich von dieser bestimmten gesellschaftlichen Form ab, in der sie geleistet wird, unabhängig davon, wie ihr Inhalt oder ihr Resultat aussieht. Sie stellt eine ökonomische Kategorie dar, die aus dem kapitalistischen Produktionsprozeß abgeleitet wird. Unabhängig von der konkreten Gebrauchswertseite der erzeugten Ware ist die Arbeit produktiv, die sich gegen Kapital austauscht, dieses wiederum produziert und darüber hinaus Mehrwert schafft.

Wir lassen hier ein wichtiges Problem außer acht: den produktiven Gesamtarbeiter. Durch die Veränderung des Arbeitsprozesses, die die kapitalistische Produktionsweise bewirkt hat, hat sich der Begriff der produktiven Arbeit erweitert: "Mit dem kooperativen Charakter des Arbeitsprozesses selbst erweitert sich daher notwendig der Begriff der produktiven Arbeit und ihres Trägers, des produktiven Arbeiters. Um produktiv zu arbeiten, ist es nun nicht mehr nötig, selbst Hand anzulegen; es genügt, Organ des (produktiven - d. Verf.) Gesamtarbeiters zu sein, irgendeine seiner Unterfunktionen zu vollziehn" (Kapital I, S. 531). Doch wird diese Erweiterung des Begriffs der produktiven Arbeit vor allem bei der Klassenanalyse wichtig. Uns interessiert es aber hier nur, die Funktion des Ausbildungssektors und die des Lehrers deutlich zu machen.

Unproduktive Arbeit ist im Unterschied zur produktiven Arbeit die, die sich nicht gegen Kapital austauscht, keinen Mehrwert produziert. (Diese Definition stimmt nur auf der Ebene des Gesamtkapitals, auf der wir uns mit unserer Argumentation im Moment bewegen. Vom Standpunkt des Einzelkapitals aus gesehen erscheint auch die Arbeit produktiv, die dem Einzelkapitalisten hilft, sich einen Teil des im produktiven Sektor geschaffenen Mehrwerts anzueignen.)

Der im produktiven Sektor produzierte Mehrwert erfährt aber durch die unproduktive Arbeit keine Vermehrung. Deswegen können sich auch immer nur so viele Arbeiter, die im unproduktiven Sektor (Zirkulationssphäre, Dienstleistungssektor und der Teil, der die "Gattungsgeschäfte des Kapitals" betreibt, also vor allem Militär, Justiz und Polizei) arbeiten, gegen Revenue (Salair und Profit) austauschen, wie Revenue durch produktive Arbeiter geschaffen worden ist. "Das trifft auch auf solche Arbeiten zu, die Voraussetzung für produktive Arbeit sind, die Arbeitsvermögen produzieren, indem sie stofflich gesehen qualifizieren und von der Formbestimmung her gesehen komplizieren, für die Lehrer und Dozenten, und für die

Reperatoren produktiver Arbeit, die Ärzte" (ROTH/KANZOW 1971, S. 55).

1.5 4 Zur ökonomischen Funktion des Lehrers im Ausbildungssektor

Wie wir unter 1.5 1 und 1.5 2 gezeigt haben, ist das Bildungssystem ein Teil des Dienstleistungssektors und stellt sich daher einmal dar als Konsumtionsprozeß (aus der Sicht des Schülers) und als Dienstleistung (betrachtet man die Arbeit des Lehrers). Der Lehrer tauscht seine Arbeit gegen Revenue, die vom Staat zentral kassiert wird, aber von den Konsumenten der Lehrerarbeit aufgebracht wird. "Dieser Zusammenhang ist gerade im Bewußtsein des Lehrers selbst oft verschleiert, da sie zum einen durch die besondere Form der Entlohnung als Gehalt und durch ihren besonderen Lohnarbeiterstatus als Beamte direkt dem Staat und nicht den tatsächlichen Käufern ihrer Dienste verpflichtet sind, und da zum anderen der Staat über die technische Regelung des Austauschprozesses hinaus zugleich die Richtlinien der Arbeit des Lehrers bestimmt" (HUISKEN 1972, S. 266).

Die Arbeit des Lehrers muß darum als unproduktiv bezeichnet werden. Er produziert weder Mehrwert noch den Fond, aus dem er bezahlt wird. Daran ändert auch nichts, daß er durch seine Dienstleistung Arbeitsvermögen produziert, das der Kapitalist mehrwertproduzierend konsumieren kann. Denn dieses Arbeitsvermögen kann von seinem Träger, dem Arbeiter, mit dem es untrennbar verbunden ist, nicht Kapital oder Mehrwert produzierend verkauft werden. "Es ist kein Verhältnis, worin ich Geld gegen Kapital verwandle oder wodurch der Dienstverrichter, der Lehrer, mich in seinen Kapitalisten, his master, verwandelt" (Theorien I, S. 381). Der Arbeiter tauscht die Verfügung über seine Arbeitskraft nur gegen Geld, nicht gegen Kapital. Das Geld, das er erhält, benötigt er in vollem Umfang zur Produktion und Reproduktion seines Arbeitsvermögens, der einzigen Ware, über die er verfügt, und die er, wie alle Waren, nur zu ihrem Wert verkaufen kann.

Somit stellen sich die Kosten für die Lehrergehälter dar als "faux frais des production" (= notwendige Kosten zur Aufrechterhaltung der Produktion, die aber unproduktiv wirken), denn sie dienen der notwendigen Produktion von Arbeitsvermögen.

Etwas anders stellt sich dieses Verhältnis dar bei den Sachausgaben für Lehr- und Lernmittel. Zwar sind auch sie ein Teil der faux frais des Ausbildungssektors, doch fließt ihr Anteil wieder zurück in den produktiven Sektor der Erziehungsindustrie und die Lehr- und Lernmittel unterliegen dort den gleichen Bedingungen wie alle Waren im Kapitalismus, d. h. audio-visuelle Hilfsmittel dienen dem Kapitalisten, der sie herstellen läßt, zur Mehrwertproduktion und ihr Gebrauchswert, d. h. ihre pädagogisch-didaktische Funktion, interessiert ihn nur insoweit, als er ihm den Tauschwert realisieren hilft. (Insofern leisten auch die Lehrer, die für Verlage Schulbücher herstellen, produktive Arbeit).

HUISKEN weist auf einen weiteren Aspekt der Substituierbarkeit der Lehrerarbeit durch technische Hilfsmittel hin: Auf die Möglichkeit, den für sie aufgewendeten Teil von faux frais antizyklisch einzusetzen, wobei sich herausstellt, daß sowohl in Krisenzeiten als auch in Zeiten der Hochkonjunktur die Mittel für Lehr- und Lernmittel sowie für Schulbauten und deren Einrichtung gekürzt werden: "In der Krise werden vom Staat kassierte, also dem Lohnarbeiter vorenthaltene Lohnteile z. T. dazu mitverwendet, den Akkumulationsprozeß des Kapitals anzukurbeln. In Zeiten des Booms dagegen besteht gleichfalls die Tendenz, Teile des Lohns nicht für soziale Dienstleistungen zu verwenden, sondern stillzulegen, um den 'Boom zu bremsen'" (HUISKEN 1972, S. 258).

Wer das Scheitern der "Reformpolitik" Leussinks und von Dohnanyis aufmerksam verfolgt hat, wird hier ein konkretes Beispiel für das "antizyklische Verhalten" des Staates, wie es oben dargestellt wurde, finden.

1.6 Rekonstruktionsperiode und Veränderung des Qualifikationsbegriffs

Wir werden im Verlauf dieses Kapitels den Nachweis zu führen versuchen, daß den Veränderungen im Bildungswesen eine Veränderung der Produktionsverhältnisse vorausging und diese jene bedingten, wobei hier Veränderung nur in einer sehr harmlosen Weise verstanden wird als Veränderung bestimmter Erscheinungen bei prinzipiell unveränderten Verhältnissen. Dieser Nachweis soll es uns dann ermöglichen, zu einer Einschätzung kompensatorischer (Sprach)erziehung zu gelangen, indem wir ihre soziologischen Implikationen auf der Basis der bisher gemachten Ausführungen einer Kritik unterziehen. Dies soll im folgenden Abschnitt versucht und im zweiten Teil der Arbeit ausführlich dargestellt werden. Der Wert des bisher Dargestellten (sofern es ihn gibt) liegt darin, die bisher zum Teil sehr verstreute Diskussion (Ausnahmen sind vor allem HUISKEN 1972 und, mit Abstrichen, ALTVATER/HUISKEN 1971) zusammenzufassen. Nicht in der Absicht, ein Resümee zu ziehen, sondern vielmehr deswegen, Motivationen zur intensiveren Behandlung unsere Problematik zu liefern.

Somit beanspruchen wir nur insofern Wissenschaftlichkeit für unsere Ausführungen, als wir die marxistische Kritik der politischen Ökonomie des Ausbildungssektors nicht für eine mögliche Betrachtungsweise halten, sondern für die, die die Wirklichkeit am adäquatesten zu analysieren und zu kritisieren versteht. Wir wollen also mit unserer Arbeit eine Grundlage schaffen, die mögliche Fehler bei uns zum Anlaß dafür werden lassen, sich eingehender mit den Quellen zu beschäftigen. Mit anderen Worten: Sollte unsere Beweisführung nicht einleuchten, kann man sie nicht MARX zum Vorwurf machen.

1.6 1 Zur Rekonstruktionsperiode der BRD

JANOSSY fällt das Verdienst zu, die Diskussion um Fragen der Bildungsökonomie mit einer Wachstumstheorie der wirtschaftlichen Entwicklung vorangetrieben und mit ihr weitreichende Erklärungen vor allem für die Veränderung des Qualifikationsbegriffs geliefert zu haben.

Obwohl wir mit der Kritik BAETHGEs an JANOSSY voll übereinstimmen, vor allem an seiner "versteckten Konvergenztheorie" (BAETHGE 1972, S. 5) und seinem schuldig gebliebenen Beweis, "daß die Arbeitsplatzstrukturveränderung von der Art ist, daß sie nicht mit den vorhandenen oder nur unwesentlich veränderten Qualifikationen der an den entsprechenden

Arbeitsplätzen arbeitenden Arbeitskräften bewältigt werden könnte" (BAETHGE 1972, S. 6), werden wir, um unsere Darstellung nicht unnötig zu komplizieren, nur zum Teil darauf eingehen, zumal ALTVATER dem zweiten hier dargestellten Einwand BAETHGEs im Ansatz durch seinen Hinweis auf die "Verschiebung von den Fertigkeiten hin zu den Kenntnissen" Rechnung getragen hat. Denn nur dadurch wird deutlich, "daß sich das Qualifikationsproblem als Problem des Bildungssektors am Ende der Rekonstruktionsperiode nach dem 2. Weltkrieg stellt - ganz im Gegensatz zu früheren Rekonstruktionsperioden" (ALTVATER 1971, S. 172E). Diesen Aspekt werden wir noch einmal aufgreifen (siehe 1.6 3 f.).

JANOSSY geht aus von einer "Trendlinie der wirtschaftlichen Entwicklung". Diese Trendlinie entspricht dem "ungestörten" wirtschaftlichen Verlauf, darf also nicht als durchschnittliche Produktionsniveau-Linie verstanden werden, sondern als eine Kurve, die die "Maxima der Produktionsniveau-Linie miteinander verbindet und demgemäß jeden durch Störung verursachten Rückfall der Produktion überbrückt" (JANOSSY 1968, S. 19). Wird nun die Produktionsniveau-Linie unterbrochen (z.B. durch einen Krieg), so beginnt nach dem Erreichen des Tiefpunktes die Rekonstruktionsperiode. Diese ist jedoch noch nicht beendet, wenn die Produktion ihr Vorkriegsniveau erreicht hat, sondern "erst zu dem Zeitpunkt, in dem das tatsächliche Produktionsniveau gleich jenem ist, das in diesem Zeitpunkt erreicht worden wäre, wenn der Krieg gar nicht stattgefunden hätte" (JANOSSY 1968, S. 16). Jetzt erst schwenkt die Produktionsniveau-Linie nach einem steilen Verlauf in die Trendlinie ein.

Wirtschaftliche Entwicklungen wie die der BRD nach 1945 konnten deswegen leicht als Wirtschaftswunder bezeichnet werden, weil man die Rekonstruktionsperiode bereits beim Erreichen des Vorkriegsniveaus für beendet hielt. Der darüber hinaus gehende verblüffend starke Aufschwung mußte deshalb solange als Wunder erscheinen, bis die Produktionsniveau-Linie die Trendlinie der wirtschaftlichen Entwicklung erreichte und der Aufschwung schwächer wurde. Zwar läßt sich dieser Übergang nicht genau fixieren, doch weisen die uns zur Verfügung stehenden Daten darauf hin, daß sich das Ende des Wirtschaftswunders zu Beginn der 60er Jahre immer deutlicher abzuzeichnen begann.

So sank die Zuwachsrate der industriellen Produktion von knapp 45 % im Jahre 1950 - allerdings mit erheblichen Schwankungen - auf 10 % im Jahre 1960 und näherte sich in den Jahren 1962/63 stetig der der Trendlinie zugrunde gelegten jährlichen Zuwachsrate von 3 % (JANOSSY 1968, S. 52). Zum gleichen Zeitpunkt (1960-1962) verzeichnet JANOSSY für die Zement-, Schwefelsäure- und Papierproduktion ein Einschwenken der Produktionsniveau-Linie auf die Trendlinie und findet diese Entwicklung durch eine der "bekanntesten und aufschlußreichsten Kennziffern der industriellen Entwicklung", dem Index für das Produktionsniveau der Stahlproduktion, bestätigt (S. 55-60).

1.6 2 Rekonstruktionsperiode und Extensivierung der Produktion

Um die Ursachen für dieses Phänomen herauszufinden, ist es an dieser Stelle nötig, uns mit den von JANOSSY gebrauchten Kategorien

Berufsstruktur (BRS)

Beschäftigungsstruktur (BS) und

Arbeitsplatzstruktur (APS)

vertraut zu machen, die uns zur Diskussion um die Veränderung im Bildungssektor führen sollen.

Unter BRS wird die "Gliederung der Gesamtarbeitskraft eines Landes nach der Art der Berufe und nach der Anzahl jener, die die einzelnen Berufe beherrschen" (JANOSSY 1968, S. 223) verstanden, wobei der "Beruf" die "Gesamtheit aller individuellen Kenntnisse und Erfahrungen" eines Menschen umfaßt und das Kriterium für den Berufslosen darin liegt, daß er beim Wechsel seiner Tätigkeit nichts, also auch keinen Beruf, zu verlieren hat, also durch einen Tätigkeitswechsel nicht eine vorher vorhandene Verwertungsmöglichkeit seiner spezifischen Tätigkeit aufgeben muß (siehe dazu JANOSSY, S. 224).

Die BS ist, wie JANOSSY einleuchtend darstellt, natürlich nicht identisch mit der BRS, da die BS die jeweilige, momentane, durch verschiedene Umstände erzwungene (z. B. Krieg) Tätigkeit bezeichnet, die nicht mit dem erlernten Beruf übereinzustimmen braucht. "So bleibt zum Beispiel ein Dreher, dessen Arbeitsplatz im Kriege zerstört wurde und der nach dem Krieg in der Landwirtschaft als Taglöhner Beschäftigung findet, der Berufsstruktur gemäß weiterhin Dreher, obwohl er in der Beschäftigungsstruktur unter die Rubrik 'Taglöhner' fällt" (JANOSSY, S. 224).

Der komplementäre Begriff zu BS und BRS ist der der Arbeitsplatzstruktur (APS). "Klassifiziert man alle vorhandenen Arbeitsplätze nach der Art der konkreten Tätigkeit, deren Verrichtung sie ermöglichen, so erhält man eine durch die vorhandenen Produktionsmittel gegebene Struktur, die wir Arbeitsplatzstruktur nennen wollen" (JANOSSY, S. 240).

Während nun nach Beendigung der Rekonstruktionsperiode (RKP) das Produktionsniveau nur in dem Maße wachsen kann, wie es gelingt, die Berufsstruktur der durch den technischen Fortschritt sich ständig ändernden Arbeitsplatzstruktur anzupassen (wir kommen hierauf in 1.6 3 zurück), verhält es sich während der Rekonstruktionsperiode eher umgekehrt. Die Berufsstruktur ist der Arbeitsplatzstruktur weit voraus. Der Dreher, der jetzt als Taglöhner arbeitet, braucht zu dem Zeitpunkt, zu dem das Wachstum der Produktion und die Beschleunigung der technischen Entwicklung die APS soweit entwickelt hat, daß sie nach ausgebildeten Arbeitskräften verlangt, seine Qualifikationen nur zu aktualisieren und muß sie nicht erst in teuren und langwierigen Bildungsprozessen produzieren. Die wirtschaftliche Entwicklung kann in dieser Zeit sehr viel schneller wachsen.

Das Ungleichgewicht zwischen APS und BRS bzw. das "Nachhinken" der APS während der Rekonstruktionsperiode führt gleichzeitig zu einer weiteren Möglichkeit, die Produktion von Mehrwert zu extensivieren. Da in der Anfangsphase der RKP das Angebot an Arbeitskräften größer ist als der Bedarf und durch die Struktur der Arbeitsplätze die qualifizierten Arbeiter nicht oder kaum benötigt werden und dadurch zusätzlich auf die Lohnquote der geringer qualifizierten Arbeitskräfte drücken, brauchte durch dieses Überangebot auch auf die Reproduktion der Arbeitskraft kei-

ne Rücksicht genommen zu werden: sie konnte über die Grenzen der physischen Belastbarkeit in Anspruch genommen werden. Das drückt sich sogar in den Zahlen der amtlichen Statistik aus:
Nach Angaben des Statistischen Jahrbuchs für die BRD (zitiert nach NEELSEN 1971, S. 315) stieg die durchschnittliche Wochenarbeitszeit in der Industrie der BRD (bezahlte Wochenstunden) von 46,5 im Jahre 1949 auf 48,8 im Jahre 1955 (wobei diese Zahlen für Männer und Frauen gelten. Bezogen nur auf die Arbeitszeit der Männer betrug die durchschnittliche Wochenarbeitszeit 1955 sogar 49,8, also fast 50 Wochenstunden). Nicht in der Statistik enthalten sind natürlich alle nicht bezahlten, unter der Drohung des Rausschmisses abgepreßten Überstunden.

Bedenkt man hierbei, daß der Achtstundentag (allerdings bei einer 6-Tage-Woche) bereits 1817 von Robert Owen gefordert und in dem Arbeitsgemeinschaftsabkommen vom 15. November 1918 zwischen Gewerkschaften und Arbeitgeberverbänden unter dem Druck der Novemberrevolution auch vertraglich durchgesetzt wurde und bedenkt man weiter die Steigerung der Produktivität je Arbeiter seit dem Ende des 1. Weltkriegs, kann man hier zu recht von einer Produktion des <u>absoluten</u> Mehrwerts sprechen.

Parallel zur Verlängerung der Arbeitszeit sank der Anteil der Arbeitslosen an den beschäftigten Arbeitern, Angestellten und Beamten von 10,3 % im Jahre 1950 auf 0,8 % im Jahre 1961. Die Extensivierung wurde also einmal durch das Arbeitskräftereservoir begünstigt, zum andern unterstützten die qualifizierten und für das BRD-Kapital kostenlos ausgebildeten Arbeitskräfte aus der DDR diesen Vorgang (HUISKEN spricht in diesem Zusammenhang von "rund 1,5 Mill. zusätzlichen Arbeitskräften" unter den insgesamt 2,5 Mill. aus der DDR zugewanderten Personen (HUISKEN 1972, S. 403, Anm. 137)).

Die Möglichkeit der Extensivierung der Mehrwerterzeugung wurde zum einen durch den Bau der Mauer (1961) gestoppt, zum andern dadurch, daß die Zunahme der Frauenerwerbstätigkeit geringer wurde und sich der Eintritt der schwachen Geburtsjahrgänge (ab Jahrgang 1942) bemerkbar zu machen begann. Das Arbeitskräftereservoir hatte sich erschöpft (1961:

0,8 %). HUISKEN hat noch auf weitere Faktoren hingewiesen, so die Verlängerung der Grundschulzeit "und ein stärkerer Zustrom in die Institutionen des höheren Bildungswesens". Und "während das Arbeitsvolumen (Produkt aus der Zahl der Erwerbstätigen und der durchschnittlichen Arbeitszeit - d. Verf.) von 1950 bis 1960 wegen der Zunahme der Erwerbstätigenzahl im Jahresdurchschnitt um 1 % steigen konnte, sank es von 1960 bis 1968 durchschnittlich um 0,6 % (HUISKEN 1972, S. 304).

1.6 3 Intensivierung der Produktion und Strukturwandel des Qualifikationsbegriffs

Da die zunehmende Verknappung der Arbeitskräfte (die nur relativ langsam durch den wachsenden Gastarbeiterimport gemildert werden konnte) die Lohnentwicklung begünstigte und damit die Mehrwert- und Profitrate der Unternehmen zu drücken begann, mußte dieser Tendenz durch Steigerung der Arbeitsproduktivität entgegengewirkt werden, indem der Maschineneinsatz verbessert und der Einsatz von Arbeitskraft rationeller und intensiver gehandhabt wurde.

Wir wollen an dieser Stelle einige grundsätzliche Bemerkungen formulieren, die uns zum besseren Verständnis vor allem des Abschnittes 1.4 und der Schlußfolgerungen, die wir im weiteren Verlauf der Arbeit aus ihm gezogen haben, führen sollen. Wir haben im ersten Teil dieser Arbeit, der "Politischen Ökonomie des Ausbildungssektors" insofern nicht ganz korrekt gearbeitet, als wir auf einer sehr abstrakten Ebene argumentierten und zur Bestätigung der dort gezogenen Schlüsse die konkreten Erscheinungen recht unvermittelt herangezogen haben, ohne, wie es richtiger gewesen wäre, diese Konkretion stufenweise nachzuvollziehen.

Das wird zum Beispiel im Abschnitt 1.4 47 deutlich. Auf der Suche nach einer ständigen Sicherung des Extraprofits bedarf es der zunehmenden Hilfe des Staates, durch gesetzgeberische Maßnahmen dem Kapital in verschiedenen Bereichen und auf nationaler und internationaler Ebene diesen Extraprofit langfristig zu sichern. So ermöglichen das Patentunwesen, die Kartellbildung und (nicht legale) Preisabsprachen Extraprofite auch dort, wo sie sonst durch das "freie Spiel der Kräfte" allzubald nicht mehr möglich würden. Wo dies auf nationaler Ebene nicht mehr ausreicht, ist das Kapital gezwungen, flüssiges Kapital in den Entwicklungsländern zu investieren, deren niedrige Lohnstruktur einen Extraprofit auch dann noch erzielen läßt, wenn man die Transportkosten in Rechnung stellt. Hier hat der Imperialismus seine ökonomischen Wurzeln. Hier liegt auch die Ursache für die Entwicklung zum Staatsmonopolistischen Kapitalismus, Außenpolitik und Entwicklungshilfe werden hier auf ihren Begriff gebracht und in den Dienst des Kapitalexports gestellt (das wird z. B. bei der Ostpolitik deutlich, bei der immer wieder auf die dadurch möglichen Investitionen in den Ländern des Ostblocks hingewiesen wird; das zeigt sich auch bei den intensiver werdenden Beziehungen zu autoritären und faschistischen Staaten wie Spanien und Griechenland).

Doch führt diese Analyse von unserem eigentlichen Anliegen, die Veränderung der Qualifikationen und die dadurch hervorgerufenen Veränderungen des Bildungs- und Ausbildungssektors in den Griff zu bekommen, zu weit ab. Wir haben aber deswegen darauf hingewiesen, damit man unsere Darstellung als verkürzte erkennt, die häufig deswegen einleuchtend erscheinen mag, weil sie auf die schwierige stufenweise Konkretion, in der sich die Produktionsverhältnisse darstellen, weitgehend verzichtet.

So darf hier auch nicht der Eindruck entstehen, als würde nur die Verknappung der Arbeitskräfte einen Zwang zur Intensivierung (besser: zur ständig fortschreitenden Intensivierung) der Produktivität konstituieren.
Wie wir im Abschnitt 1.4 47 bei der Behandlung der Jagd nach dem Extraprofit und dem tendenziellen Fall der Profitrate gezeigt haben, handelt es sich hierbei um eines der "Grundgesetze" kapitalistischer Produktion, deren Zwang sich durch das Ende der Rekonstruktionsperiode lediglich deutlicher herausschält. Die internationale technologische Entwicklung auf dem Produktionssektor - Mechanisierung und Automatisierung, Einführung der EDV und der Arbeitsplatzanalysen, Nutzung von Atomenergie, Chemisierung der Wirtschaft, allgemein: Tendenz zur Ausweitung der Fließproduktion - hat sich in einer Weise entwickelt, die eine immer schneller werdende Anpassung der BRS an die APS erfordert, da hiervon das Tempo

der wirtschaftlichen Entwicklung abhängt. Die Monopolisierungstendenzen international verflochtener Konzerne erfordern Umstrukturierungen im Bildungs- und Ausbildungssektor, die nationale Grenzen schon längst gesprengt haben (man beachte z. B. die Diskussion um die Ausbildung an den Ingenieurschulen in der BRD und innerhalb der EWG). Nach Beendigung der Rekonstruktionsperiode, zu einem (allerdings nicht genau fixierbaren) Zeitpunkt also, in dem einerseits die Intensivierung der Arbeit verstärkt werden muß, andererseits keine latenten Qualifikationen mehr vorhanden sind, die nur aktualisiert zu werden brauchen, kann sich im weiteren Verlauf der wirtschaftlichen Entwicklung "die Beschäftigungsstruktur nur mehr in dem Maße ändern, in dem sich die Berufsstruktur wandelt und hiermit wird die Veränderung der Berufsstruktur zum bestimmenden Moment für das Wachstum des Produktionsniveaus" (JANOSSY, S. 225). Eine Veränderung der Berufsstruktur bedingt aber gleichzeitig eine Veränderung der Qualifikation, ihren Strukturwandel.

Der hier zugrunde gelegte Qualifikationsbegriff muß aber historisch erklärt werden, um den Wandel deutlich zu machen, den er in seiner geschichtlichen Entwicklung durchlief:
Als Folge der gesellschaftlichen Arbeitsteilung (hier vor allem zwischen den Arbeitskräften einer bestimmten Produktionseinheit) hat sich auch das Betätigungsfeld und mit ihm die dafür benötigten Qualifikationen des einzelnen Arbeiters verengt. Diesen historischen Prozeß beschreibt MARX folgendermaßen:
"Die Kenntnisse, die Einsicht und der Wille, die der selbständige Bauer oder Handwerker, wenn auch auf kleinem Maßstab, entwickelt, (...) sind jetzt nur noch für das Ganze der Werkstatt erheischt. Die geistigen Potenzen der Produktion erweitern ihren Maßstab auf der einen Seite, weil sie auf vielen Seiten verschwinden. Was die Teilarbeiter verlieren, konzentriert sich ihnen gegenüber im Kapital. Es ist ein Produkt der manufakturmäßigen Teilung der Arbeit, ihnen die geistigen Potenzen des materiellen Produktionsprozesses als fremdes Eigentum und beherrschende Macht entgegenzustellen" (Kapital I, S. 382).

Dieser Prozeß der Arbeitsteilung stellt sich aber als zwiespältiger dar.

Einerseits ermöglicht er eine schnellere Entfaltung der Gesamtkenntnisse einer Gesellschaft, andererseits aber schafft er auch den Unterschied zwischen qualifizierter und weniger qualifizierter Arbeit, zwischen dem Spezialisten und dem Fließbandarbeiter. Aber auch die Kenntnisse des Spezialisten steigen nicht automatisch mit fortschreitender technischer Entwicklung, da Spezialisierung neben einer zielgerichteten vertikalen Erweiterung eines bestimmten Wissensgebietes zugleich auch dessen horizontale Einengung durch Vernachlässigung der Randgebiete bedeutet. (Wir können hier auf die mit dem Qualifikationsbegriff zusammenhängende Diskussion der Frage der Kompliziertheit der Arbeit und des Reduktionsproblems nicht eingehen, da sie für unsere spezifische Fragestellung nicht unmittelbar relevant ist. Siehe dazu ALTVATER/HUISKEN 1971, S. XXIX, Anm. 2 und S. 253-302, Kapital I, S. 211/212 und ROTH/KANZOW 1971, S. 69-91).

JANOSSY zieht daraus den Schluß, "daß mit dem Fortschritt die vereinten, vor allem die in den einzelnen Produktionsmitteln vergegenständlichten Kenntnisse in jedem einzelnen Arbeitsprozeß wachsen (können - d. Verf.), obwohl sich - infolge der Zersplitterung der Gesamtkenntnisse - die individuellen Kenntnisse jedes einzelnen Arbeiters (auch in der Produktion von Produktionsmitteln) verringern (können - d. Verf.)" (JANOSSY, S. 208). Daraus folgert er: "Der Strukturwandel der Gesamtkenntnisse erfordert nicht mehr individuelle Kenntnisse, sondern andere" (S. 210), und: "die objektiven Kenntnisse der gesamten Gesellschaft sind gewachsen, die individuell subjektiven haben sich verändert" (S. 213).

Dieser Strukturwandel im Qualifikationsbegriff drückt sich nach ALTVATER aus "als Verschiebung von den Fertigkeiten hin zu den Kenntnissen" (ALTVATER/HUISKEN 1971, S. 172E): Fertigkeiten werden im Produktionsprozeß erlernt, während Kenntnisse ihm vorgelagert sind, d. h. vor allem im Bildungs- und Ausbildungssektor vermittelt werden.

1.6 4 Qualifikationsstruktur und Bildungssystem

Wir wollen die sehr abstrakte Diskussion an zwei Beispielen konkretisieren, die einmal die Veränderung der Qualifikationsstruktur und zum andern die Abhängigkeit der wirtschaftlichen Entwicklung von der Berufsstruktur aufzeigen sollen:
Stellt man sich die umfassenden Kenntnisse und Fertigkeiten vor, die z.B. ein Schmied benötigte und vergleicht sie mit den Qualifikationen, die ein Fließbandarbeiter einer Autofabrik zur Ausübung seines Berufes erwerben muß, so kann man hier nicht nur von einer Veränderung der Qualifikation, sondern von einer Dequalifizierung sprechen. Für den Fließbandarbeiter haben sich "die geistigen Potenzen der Produktion", über die der Schmied noch verfügte, auf der Seite des Kapitals konzentriert. Die Teilung der Arbeit liefert so den "Anstoß zur industriellen Pathologie" (Kapital I, S. 384) und führt im weiteren Verlauf zur Monopolisierung der geistigen Arbeit durch die herrschende Klasse. "Sie entwickelt die gesellschaftliche Produktivkraft nicht nur für den Kapitalisten, statt für den Arbeiter, sondern durch die Verkrüpplung des individuellen Arbeiters" (Kapital I, S. 386).

Andererseits darf der individuelle Arbeiter nicht so sehr verkrüppeln, daß er zur Produktion von Mehrwert nicht mehr herangezogen werden kann, vor allem dann nicht, wenn keine "Reservearmee" von Arbeitskräften den Ausfall ersetzen kann. So wurde z.B. das zulässige Mindestalter für Kinder, die in Fabriken und Bergwerken (!) arbeiteten, erst dann gesetzlich auf neun (!) Jahre heraufgesetzt (bei zehnstündigem Arbeitstag), als der preußische General von HORN 1828 feststellen mußte, "daß die Fabrikgegenden ihr Kontingent zum Ersatz der Armee nicht vollständig stellen können" (GREBING 1971, S. 24). Man übersieht eben allzu leicht, wie MOSER in einem sonst miserablen Vortrag zu recht bemerkt, "daß die Anstrengungen der Aufklärung, die Bildung der Unterschicht zu fördern, von Menschenfreundlichkeit getragen waren" (MOSER 1972, S. 218). Als hätte es je eine Klasse gegeben, die nicht zuallererst für ihren eigenen Vorteil kämpft, mag sie damit indirekt auch einer anderen helfen. Einer ähnlich falschen Vorstellung erlagen die Studenten, die die Rezeption der Trans-

formationsgrammatik deswegen für progressiv hielten und in der BRD durchsetzten, weil CHOMSKY gegen den Vietnamkrieg eintrat und noch eintritt. Sie halfen damit nur, die westdeutsche Sprachwissenschaft auf den Standard zu bringen, auf dem die internationale schon längst war (vgl. dazu EISENBERG/HABERLAND 1972, S. 346 und Anm. 59a). Auch sie haben lediglich dafür gekämpft, eine der Arbeitsplatzstruktur angemessene Berufsstruktur durchzusetzen.
Und diese ständige Anpassung der BRS an die APS ist im produktiven Sektor eine Grundlage für die Kapitalakkumulation, für die Mehrwerterzeugung, für das wirtschaftliche Wachstum.

So kann z. B. die Einführung der EDV in einem Betrieb immer nur so schnell erfolgen, wie die durch die geplante Einführung erzeugte potentielle APS, in unserem Beispiel: Programmierer, von der BRS gedeckt werden kann. (Hier können z. B. die Bildungskosten, die in die Ware Arbeitskraft: Programmierer eingegangen sind, durch die sehr hohe Nachfrage nach einem noch kaum vorhandenen Beruf "überbezahlt" werden, während gleichzeitig die Bildungskosten z. B. für einen Buchhalter nicht mehr hereingeholt werden können, obwohl sie über denen des Programmierers liegen mögen).

Der Kapitalist ist aber durch die Jagd nach dem Extraprofit ständig gezwungen, auf dem neuesten Stand der technologischen Entwicklung zu bleiben, was zu einer dauernden Spannung zwischen APS und BRS führt, eine Entwicklung, die sich mit zunehmender technischer Entwicklung immer stärker beschleunigt. Die Probleme der Computerindustrie liegen schon längst nicht mehr darin, immer leistungsstärkere Computer (hardware) zu entwickeln, sondern darin, Systemanalytiker und Programmierer auszubilden, die die dafür benötigten Programme (software) liefern. Mit steigender Spannung zwischen APS und BRS erhöht sich auch die Zahl der Berufe, die "aussterben", "moralisch verschleißen" und die für sie aufgewendeten Bildungskosten nicht mehr amortisieren können.

"Die Konsequenz dieser Spannung zwischen APS und BRS kommt im Bildungswesen darin zum Ausdruck, daß einmal die sog. Allgemeinbildung (im Sinne des Bildungsbürgertums) zunehmend zugunsten von berufsorientierter Ausbildung selbst in allgemeinbildenden Schulen zurückgedrängt wird, daß andererseits das Schulwesen so strukturiert werden soll, daß die Trägheit der BRS-Veränderungen durch Flexibilität des Schulsystems eingeschränkt wird" (ALTVATER/HUISKEN 1971, S. 170). Im Verlauf der RKP, in der eine Angleichung der Beschäftigungsstruktur (BS) an die Berufsstruktur vorgenommen wird und hierin die Änderung der Qualifikationsstruktur liegt, kann der Bildungssektor zeitweilig vernachlässigt werden (vor allem zu Beginn der RKP). "Dies wird jedoch anders, wenn die Reserven der Berufsstruktur, die ja potentielle Beschäftigungsstruktur darstellt, erschöpft sind. Dann können Veränderungen der BRS (-Veränderungen der BS) nurmehr durch vermehrte Bildungsausgaben hervorgerufen werden" (ALTVATER/HUISKEN 1971, S. 172D). Und das zu einem Zeitpunkt, zu dem Wachstumsraten durch die Verknappung der Arbeitskräfte sowieso schon sinken und der zur Akkumulation eingesetzte Kapitalteil dadurch verringert wird, daß ein erhöhter variabler Kapitalteil zum Kauf von Arbeitskraft, in die vermehrte Bildungskosten eingegangen ist, eingesetzt werden muß.

Die Konsequenzen für das Bildungssystem liegen auf der Hand: Es muß eine Allgemeinbildung (im Sinne seiner Verwertungsmöglichkeit) vermitteln, die eine relativ breit angelegte, horizontale Qualifikation produziert. Diese wird ergänzt durch Kurzstudien- und Lehrgänge, die diesen Grundqualifikationen eine der jeweiligen Veränderung der APS adäquate vertikale Qualifikation vermitteln.

"Gewünscht ist weder der dumm gehaltene, noch der denkende, gewünscht ist der mitdenkende Arbeiter" (HAUG/MAESSEN 1971, S. 101), der nach dem Besuch der Volksschule über Eigenschaften verfügen soll, die die "Hessische Gewerbliche Wirtschaft" folgendermaßen beschreibt: "Ziel eines neunten Schuljahres, das dem vor der Entlassung Stehenden eine positive Einstellung zu Arbeit und Beruf, eine gewisse Arbeitshaltung, die vom Spielen und Basteln zu bewußter, fachgerechter Arbeit überleite, mitgeben solle, müsse die Erziehung zu Eigenschaften sein, die für jede Berufsarbeit wesentlich seien: Gewissenhaftigkeit, Konzentration, Ausdauer, Gemeinschaftssinn, Verantwortungsbewußtsein, Überwindung von Unlust und Trägheit auch bei längerer Belastung" (zitiert nach BAETHGE 1971, S. 137).

So werden Ambiguitäts-, Frustrations- und sonstige Toleranzen auf ihren Begriff gebracht. Die hier genannten Eigenschaften dienen lediglich der reibungslosen Disponibilität und Fungibilität des Arbeiters, auf dessen Rücken der wirtschaftliche Fortschritt sich entwickelt.

Noch deutlicher wird der erforderliche Strukturwandel des Bildungssystems in der Bemerkung von Fritz ARLT, Mitglied der Bundesvereinigung der Deutschen Arbeitgeberverbände (BDA) und dort zuständig für Fragen der Ausbildung und nach Auskunft des Graubuchs in der Volksrepublik Polen "wegen seiner Verantwortung für millionenfachen Judenmord als Gauamtsleiter und Leiter des 'rassenpolitischen Amtes' der NSDAP im Gebiet Krakow als Kriegsverbrecher gesucht" (Graubuch 1967, S. 174):

"Statt einer weiteren Verlängerung zusammenhängender Ausbildungszeiten erscheint es zweckentsprechender und ökonomischer zu erwägen, sich in den neun Schuljahren auf eine breite Grundlage zu beschränken, die u.a. eine disponible Grundlage für die spezialisierte Fortbildung und Umschulung bietet. Hierauf können bei Veränderungen der Anforderungen Fortbildungsgänge aufbauen. Hier scheint der in der Bildungspolitik geäußerte Gedanke fruchtbar zu sein, vom allgemeinen Bildungswesen nicht die Berufsfertigkeit, sondern die Berufsfähigkeit als Leistung zu verlangen" (zitiert nach BAETHGE 1971, S. 139).

Und genau hierin drückt sich der von ALTVATER beschriebene Strukturwandel des Qualifikationsbegriffs "als Verschiebung von den Fertigkeiten zu den Kenntnissen" aus.

Ein Indiz für den Strukturwandel der Industrie ist auch die Konzentration auf wenige Grundberufe. HAUG/MAESSEN haben darauf hingewiesen, daß von 1947 bis 1969 das Bundesministerium für Wirtschaft 275 Ausbildungsberufe gestrichen hat. "Verwandte Berufe wurden zu umfassenderen Grundberufen zusammengefaßt. So gingen beispielsweise die Berufe Filmstoffdrücker, Stückappreteur, Textilfärber, Walzenstoffdrucker, Appreturwerker,

Farbmacher und Stückefärbereiwerker in den Lehrberuf Textilveredler auf" (HAUG/MAESSEN, S. 99/100).

Die hier ausführlich beschriebene Veränderung des Qualifikationsbegriffs aber verlangt eine Ausbildung, wie sie mit den Kategorien der Mikroökonomie des Bildungswesens, ihrer Operationalisierung, wie wir sie bei POSCH gefunden haben, nicht mehr erfaßt werden, denn Eigenschaften wie "Gemeinschaftssinn", "Gewissenhaftigkeit" und "Ausdauer", sind nicht oder nur ungenügend meßbar, vor allem nicht "sofort, d. h. nach Beendigung des Unterrichtszeitraumes". So zeigt sich das ganze Elend dieser Wissenschaft darin, daß sie nicht einmal den Anforderungen, die das Kapital an sie stellt, genügen kann.

1.6 5 Bildungssystem, Vorschulerziehung und Sprachbarriere

Wir sind hiermit am Ende unseres ersten Teils angelangt, in dem wir versucht haben, eine politische Ökonomie des Ausbildungssektors zu erarbeiten, die dazu beitragen soll, Maßnahmen der Administration im Bildungssektor nicht nur pauschal als "herrschaftsstabilisierend" oder "den Verwertungsinteressen des Kapitals dienend" zu qualifizieren.
Uns ging es vielmehr darum, die Interdependenz der Bildungspolitik von der gegenwärtigen, historisch entstandenen Produktionsweise aufzuzeigen und ihre Ursachen zu analysieren. Gleichzeitig sollte dieser Teil eine sehr begrenzte Einführung in die Kategorien der marxistischen Theorie ermöglichen. Das ist uns - und das wird jeder Fachkundige bestätigen und braucht deswegen keineswegs als Understatement gewertet werden - nur unvollkommen gelungen.

Immerhin aber glauben wir, daß wir eine ansatzweise Erklärung dafür geliefert haben (die über "Sputnikschock" und "Mauerbau" hinausgeht, bzw. deren Stellenwert angemessen darstellt), warum in der BRD eine umfassende Diskussion wissenschafts- und bildungspolitischer Fragen zu Beginn der 60er Jahre erfolgte, und wie die konkreten Veränderungen im Bildungs- und Ausbildungssektor, wie z. B. die Vorschulerziehung, eingeschätzt werden müssen.

So wichtig in diesem Zusammenhang auch die Arbeiten von BAETHGE und NYSSEN sind, so bewegen sie sich doch nur an der Oberfläche der Phänomene und liefern eine Erklärung für das "wie" der Einflußnahme der Wirtschaft auf die Schule und weniger für das "warum" (dazu siehe seit neuestem auch BAETHGE 1972), doch wird in ihren Arbeiten nicht in ausreichendem Maße ersichtlich, daß es sich bei der Interdependenz zwischen Produktions- und Ausbildungssektor um eine wechselseitige handelt, dem Zwang zur Kapitalakkumulation folgend. Allerdings täte man den Genannten unrecht, würde man unterstellen, daß sie diesen Zusammenhang nicht erfaßt haben - vielmehr beschränkte sich ihr Interesse auf einen bisher von der bürgerlichen Wissenschaft ebenso vernachlässigten Aspekt, wie das bei unserer Untersuchung der politischen Ökonomie des Ausbildungssektors der Fall ist. Wir haben uns auf das "warum" beschränkt und verzichten hier darauf, den Zusammenhang im Einzelnen konkret nachzuweisen. Wir können das umso leichter tun, als dies einmal an anderer Stelle (vor allem bei HUISKEN 1972, S. 295 ff. und bei HIRSCH 1971) bereits ausführlich geschehen ist und zum andern die Funktion der Vorschulerziehung und der kompensatorischen Erziehung in ausreichendem Maße dargestellt wurde. Was diesen Analysen allerdings fehlte und was wir hier versuchten, war eine Herleitung kompensatorischer (Sprach)erziehung aus der Entwicklung der Produktionsverhältnisse heraus und die Erklärung für den Zeitpunkt und den Umfang dieses Booms. Das wurde in allen Untersuchungen, die wir für ein Tutorium am Soziologischen Institut der Universität Heidelberg in einer Bibliographie zusammenstellten (vervielf. Bibliographie von Frohmut Menze und Bert-Olaf Rieck zum Tutorium "emanzipatorische und proletarische Erziehung", ISE Heidelberg, SS 72 - knapp hundert Titel) eigentlich völlig vernachlässigt. Man beschränkte sich hauptsächlich auf eine immanente Kritik an der Ideologie bürgerlicher Soziolinguistik und ihrer wissenschaftlichen Relevanz. Hier wurde vor allem von dem Berliner Kollektiv um Wendula DAHLE Entscheidendes geleistet (siehe z. B. "Kompensatorische Erziehung", in: DD 2/70). Aufmerksamkeit verdient auch die Gruppe um Siegfried JÄGER, bis vor kurzem am Institut für deutsche Sprache in Mannheim, die eine Art Transmissionsriemen außer-

akademischer Wissenschaft in die akademische darstellt (siehe z.B. JÄGER, "Sprachbarrieren"? 21 Thesen zur Diskussion, in: LB 15/71) und die "initiativgruppe solingen" (siehe rororo sachbuch "schule ohne klassenschranken" 1972), deren Scheitern die Richtigkeit unserer Fragestellung nur bestätigt. Schließlich sei auch noch auf die Gruppe um Hans-Jochen GAMM hingewiesen, dessen ehemalige Assistenten Johannes BECK und Martin BERG mit der Zeitschrift "Ästhetik und Kommunikation" ein Forum (hauptsächlich in den ersten drei Nummern) für eine "materialistische Sprachtheorie" im Anschluß an WYGOTSKI geschaffen haben - inzwischen scheint ihr Offenbach-Projekt, in dem sie im Sinne ihrer zum Teil recht problematischen materialistischen Sprachtheorie arbeiten wollten, ebenfalls verhindert worden zu sein.
Doch findet in diesem Bereich eine zunehmende Konvergenz zwischen außerakademischer und akademischer Wissenschaft statt, nicht zuletzt hervorgerufen durch den Zwang bürgerlicher Wissenschaft, sich in Vorlesungen und Seminaren vor den kritischen Studenten legitimieren zu müssen. So kann sich in zugewiesenen Freiräumen eine wirkungslose "kritische Wissenschaft" etablieren, deren Träger sich nicht ungern mit dem progressiven Flair z.B. eines Dieter WUNDERLICH umgeben. Hier zur Trennung zwischen Illusion und vielleicht tatsächlich noch möglicher politischer Erziehung beizutragen zu helfen, ist der praktische Zweck unserer Analyse.
Denn nichts wäre falscher, als die Erkenntnis der Grundgesetze kapitalistischer Produktionsweise dazu zu benutzen, ihr die Widerstände dadurch auch noch aus dem Weg zu räumen, daß man sich ihrem Zwangscharakter unterwirft. Vielmehr muß die Analyse dazu benutzt werden, Widerstände auch dort aufzubauen, wo sie noch nicht bestehen, auch noch dort zu kritisieren, wo Kritik bereits vorhanden zu sein scheint, indem sie sich "mehr auf die üblen Folgen als auf den Gang der Sache selbst" (ENGELS) wirft und dadurch von den eigentlichen Problemen ablenkt (so sind wir im zweiten Teil unserer Arbeit bei der Behandlung OEVERMANNS vorgegangen). Die Trennung zwischen Reformen, die herrschaftsstabilisierend wirken und solchen, die tendenziell systemsprengenden Charakter haben, wird so zur ersten Aufgabe einer kritischen Wissenschaft. Zur Systemsprengung

selbst kann sie nichts beitragen, wohl aber zur Organisierung der Kräfte, die das System durch Organisation der Klasse "an sich" zur Klasse "für sich" zu sprengen vermögen.

Unter dieser Fragestellung müssen wir noch einige abschließende Bemerkungen zur Vorschulerziehung und zur Sprachbarrierentheorie machen. Wir haben, wie wir meinen, eine Erklärung für den plötzlichen Boom der Publikationen zu Fragen der Vorschulerziehung geliefert. Mag er auch im Kontext einer politisierten Öffentlichkeit gefördert worden sein, die Emanzipation durch geeignete Sozialisation verwirklichen wollte, so lag und liegt doch sein rationaler Kern in dem Strukturwandel der Qualifikation gegen Ende der Rekonstruktionsperiode zu Beginn der 60er Jahre. In diesem Zusammenhang müssen der Beginn der modernen Bildungsökonomie und die verschiedenen Publikationen von PICHT, DAHRENDORF und HAMM-BRÜCHER gesehen werden.

Einen großen Einfluß auf das zunehmende Interesse an der Vorschulerziehung übte auch Benjamin BLOOM aus (siehe dazu ausführlich unter 3.6 11 ff.), dessen entstellende Rezeption in der BRD das entscheidende Argument für eine Verlängerung der Schulzeit nach unten lieferte. Hier wie auch bei der Arbeit Arthur JENSENs (siehe dazu 3.6 13), der im Anschluß an das gescheiterte "HEAD-START-PROJEKT" die genetische Minderwertigkeit der Neger zu beweisen suchte, muß die Frage gestellt werden, warum die Veröffentlichungen jeweils zu einem Zeitpunkt erfolgte, zu dem der Markt (nicht nur der Büchermarkt) nach ihnen verlangte (wobei hier auf die spezifische amerikanische Situation hingewiesen werden muß - ausführlich beschrieben bei BOIS-REYMOND, "Strategien kompensatorischer Erziehung, das Beispiel USA", Ffm 1971, Teil I).

Die Rezeption amerikanischer Forschungsergebnisse erfolgte zu einem Zeitpunkt, zu dem in der BRD einerseits die Rekonstruktionsperiode ihrem Ende entgegenging und sich damit das wirtschaftliche Wachstum verringerte, zum andern die BRD in vielen Bereichen (so auf dem Gebiet der Atomenergie) zum Konkurrenten Amerikas geworden war und damit darauf angewiesen, in Zukunft sein Entwicklungstempo dem amerikanischen anzu-

gleichen.
In diesen Zeitraum fällt auch die Renaissance der Sprachsoziologie und ihre Entwicklung zu einer interdisziplinären Wissenschaft. Zwar gab es die Sprachsoziologie schon sehr viel länger, - so weist KJOLSETH z. B. auf die unveröffentlichte Dissertation von DARNELL hin, der nachgewiesen hat, daß die amerikanische Regierung "gegen Ende des 19. Jahrhunderts, als eingeborene Amerikaner (Indianer) das wichtigste außenpolitische Problem in den Vereinigten Staaten darstellten, die Hauptgeldgeberin für die Erforschung der Indianer-Sprachen und der Vorstellung der Indianer über Eigentum und Eigentumsrechte (war - d. Verf.). Diese Unterstützung der Regierung dauerte nur so lange, wie eingeborene Amerikaner eine Hauptfrage in der Außenpolitik darstellten. Nachdem sie 'befriedet' und umgesiedelt waren, versiegten die Regierungsquellen" (KJOLSETH 1971, S. 12) - doch begann ihre eigentliche Entwicklung zur interdisziplinären Wissenschaft erst zu einem Zeitpunkt, zu dem man nach möglichst effektiven Methoden suchte, den Arbeiter so herzurichten, daß er den immer schneller werdenden Veränderungen der Arbeitsplatzstruktur möglichst geräuschlos bei geringstmöglichem Aufwand angepaßt werden konnte.

Man vermutete (und das zu recht), einen stringenten Zusammenhang zwischen Sprachfähigkeit und Kognition. Problematisch wurde es, als man diese Vermutung zu einem mechanistischen Axiom erhob und nur den der komplexen Kognition für fähig erachtete, der über eine komplexe Sprache verfügt und großzügig darauf verzichtete, festzustellen, was überhaupt eine komplexe Sprache ist und worin sie sich von einer weniger komplexen unterscheidet (siehe dazu auch 3.4 12). Jedenfalls erschien das Sprachtraining als eine relativ billige und schnell durchführbare Methode, durch formalen Drill, wie er in den Programmen von BEREITER/ENGELMANN bis zum Exzeß verwirklicht wurde, logisches Denken und damit eine verbesserte Kognition auch bei den Schichten herbeizuführen, bei denen sie, wie ihre soziale Stellung zu beweisen schien, noch nicht vorhanden war.

Hier muß nun leider der Name BERNSTEIN fallen. "Leider" deswegen, weil es keine Arbeit, die auch nur im entferntesten mit Sozialisation zu tun hat gibt, in der BERNSTEIN nicht zitiert, integriert, differenziert, katalogisiert und kritisiert wird - nur rezipiert wird er nicht. Das hat dazu geführt, daß bei einigen Autoren (auch bei den Verfassern der vorliegenden Arbeit) eine negative Reaktion eintritt, sobald nur der Name BERNSTEIN und mit ihm die Begriffe "elaborierter und restringierter Code" erwähnt werden.

BERNSTEIN selbst kann man nur zum Teil dafür verantwortlich machen (wiewohl er an der mangelhaften Rezeption nicht unschuldig ist). Er galt lange Jahre und gilt wohl auch heute noch als Außenseiter und seine erste Veröffentlichung in deutscher Sprache (im 4. Sonderheft der KZSS 1959) wurde, wie es scheint, nur deswegen abgedruckt, weil man sich mit ihm einen Jux machen wollte (siehe dazu die Einleitung von LOCH/PRIESEMANN zu BERNSTEIN 1972, S. 11). Wer heute BERNSTEIN gerecht werden will (und auch dann bietet er noch genügend Anlaß zur Kritik), sollte sich seine Einleitung zu den "Studien zur sprachlichen Sozialisation" (BERNSTEIN 1972) durchlesen.

Jedenfalls ist die Subtilität OEVERMANNS bei der Rezeption der BERNSTEINschen Ergebnisse, die mehr Reflexionen waren, bisher nicht wieder erreicht worden.

Ein ähnliches Schicksal in bezug auf seine Rezeption erlitt OEVERMANN in der BRD. Uns ist kein Werk bekannt, in dem er auch nur annähernd adäquat kritisiert wurde (auch wir erheben in unserem zweiten Teil nicht den Anspruch, dies zu tun, sind aber andererseits der Ansicht, daß wir auf der Ebene zu kritisieren versuchen, auf der man OEVERMANN beikommen kann - bisherige Auseinandersetzungen (ausgenommen EHLICH u. a. 1971, deren Kritik nur leider allzu knapp ist, aber das Problem benennt) endeten noch allemal in Affirmation und dem "Großen Lobgesang auf die Ich-Identität".

Da mit dem Sammelwerk BERNSTEINs jetzt endlich die Grundlage für eine angemessene Rezeption gelegt ist, verzichten wir hier auf eine Darstellung, zumal seine Thesen und Schlußfolgerungen für uns nur mittelbar relevant sind und eine Problematik charakterisieren, wie sie sich vor allem

einer bürgerlichen Wissenschaft stellt.
Wichtiger scheinen uns dagegen die soziologischen Implikationen der Sprachbarrierentheorie, wie sie sich bei BERNSTEIN häufig nur am Rande, dort aber deutlich bemerkbar machen, bei OEVERMANN jedoch die Grundlagen darstellen und als solche von uns kritisiert werden.

2. Soziologische Implikationen der Code-Theorie

2.0 Vorbemerkung

Dieser Teil der Arbeit soll sich vor allem mit den soziologischen Fragestellungen im Rahmen der Code-Theorie auseinandersetzen. Zuerst soll geklärt werden, in welcher Weise OEVERMANN den Ansatz BERNSTEINs modifiziert bzw. weiterführt. Dazu ist es notwendig, OEVERMANNs Ausführungen noch einmal mit gewisser Ausführlichkeit darzustellen; das scheint jedoch gerechtfertigt, weil die bisher erfolgte Rezeption der OEVERMANNschen Theorie dem sehr komplexen Ansatz nur ungenügend gerecht wird.

Daran anschließend soll aufgezeigt werden, aufgrund welcher soziologischen Implikationen OEVERMANN zu seiner positiven Wertung hinsichtlich des "elaborated code" kommt.

Dieser erste Teil der folgenden Ausführungen erhebt also keinen Anspruch auf besondere Originalität, vielmehr stellt er sich die Aufgabe, die bisher in der Diskussion völlig vernachlässigten soziologischen Implikationen der Code-Theorie im Zusammenhang darzustellen; wir meinen, daß man nur auf der Grundlage der Reflexion eben dieser Implikationen zu einer begründeten Befürwortung oder Ablehnung der Ziele kompensatorischer Erziehung kommen kann.

Der Versuch einer Kritik an diesen theoretischen Grundlagen, der dann auch die Kriterien liefern könnte, die Programme zur kompensatorischen Erziehung, in denen die Code-Theorie ja ihren konkreten Niederschlag findet, umfassender zu beurteilen, soll am Schluß dieses Teils stehen.

2.1 Modifikation bzw. Weiterführung des BERNSTEINschen Ansatzes durch OEVERMANN

2.1 1 Zum Verhältnis von sozialer Rolle und Sprachgebrauch

Ausgangspunkt für OEVERMANNs Modifikation bzw. Weiterführung der Sprachbarrierentheorie ist das schon bei BERNSTEIN angesprochene Verhältnis von sozialer Rolle und Sprachgebrauch. BERNSTEIN hat die in seinen Untersuchungen festgestellten Unterschiede im Sprachgebrauch zwischen den sozialen Schichten folgendermaßen interpretiert:
Er nimmt an, "daß die in objektive sozialstrukturelle Bedingungen eingebetteten Sozial- oder Rollenbeziehungen bestimmte Formen der sprachlich-symbolischen Organisation des sozialen Handelns zur Folge haben" (OEVERMANN 1972, S. 333). Dieses hier angesprochene Verhältnis von sozialer Rolle und Sprachgebrauch versucht OEVERMANN zu klären. Er schlägt dazu folgende Konzeption vor:
Rollenhandeln findet innerhalb eines objektiv-strukturellen Kontextes statt. Aufgrund des Systems der gesellschaftlichen Arbeitsteilung erfolgt eine Verteilung objektiver Problemkontexte auf soziale Positionen (siehe dazu OEVERMANN 1972, S. 384). Aus diesen Problemkontexten ergeben sich für die Rollenträger "spezifische kognitive und affektive Aufgabenstellungen, die zu spezifischen Verhaltensstrategien als Lösungsmechanismen führen" (OEVERMANN 1972, S. 335).

Diese Lösungsmechanismen schlagen sich einerseits in "normativen Typisierungen", wie sie dann in den verschiedenen sozialen Schichten vorfindbar sind, nieder, andererseits - und das ist für unsere Fragestellung wichtiger - führen diese spezifischen Aufgabenstellungen zu spezifischen Formen der Symbolorganisation. "Eine rollenspezifische sprachliche Symbolorganisation (...) besteht aus den sozial eingespielten Regeln der Auswahl aus den Ausdrucksmöglichkeiten der Sprache, genauer: der Auswahl der in einem kognitiven, affektiven und sozialen Problemlösungskontext jeweils angemessenen Sprachformen. (...) Die sozialen Auswahlregeln (...) <u>erklären</u> als intervenierendes Regelsystem die systematische Relation zwischen rollenspezifischer Handlungssituation und manifestem Sprachgebrauch" (S. 335).

Diese Konzeption erlaubt es OEVERMANN, sowohl semantische und lexikalische als auch syntaktische Unterschiede im Sprachgebrauch von Rolleninhabern, die verschiedene Aufgaben im Rahmen des objektiv-strukturellen Kontextes erfüllen, zu interpretieren.

2.1 11 Modifikation des Codebegriffs bei OEVERMANN

Wichtig ist die Modifikation des Codebegriffs, die OEVERMANN an dieser Stelle gegenüber BERNSTEIN vornimmt. Als "linguistische Codes" versteht er ausschließlich diese "sozial eingespielten Regeln der Auswahl von sprachlichen Ausdrucksformen aus den formal angebbaren Möglichkeiten einer Kultursprache" (S. 335/336).

Während bei BERNSTEIN der Stellenwert des Codebegriffs unklar bleibt [1] - einmal verwendet er ihn, um die konkreten Sprechakte bestimmter Sprecher zu beschreiben, z.T. meint er damit aber auch das innerpsychische Regelsystem, das diese Sprechakte erzeugt - nimmt OEVERMANN eindeutig eine Definition im zweiten Sinn vor: "Die Kodes bedeuten also gleichsam Strategien der Verwendung sprachlicher Elemente" (S. 336).

Wichtig ist - das betont OEVERMANN ausdrücklich - daß es sich dabei prinzipiell um außerlinguistische Regeln handelt (Wolfgang KLEIN versucht in der 1972 veröffentlichten Neuauflage der "Aspekte der Soziolinguistik" eine Beschreibung der Codetheorie unter primär linguistischen Aspekten). Von daher wird der Begriff linguistische Codes natürlich problematisch; OEVERMANN schlägt deshalb auch selbst (nach einer Diskussion mit BIERWISCH) als Alternative dazu die Bezeichnung "soziale Strategien der Verwendung sprachlicher Elemente" (S. 336) vor.

Die manifesten sprachlichen Ausdrucksformen oder Sprachmuster, die durch diese Strategien produziert werden und rollen- bzw. gruppenspezi-

---

1) Siehe dazu auch die ausführliche Kritik Malcolm COULTHARDs: Eine Diskussion der Begriffe "restringierter" und "elaborierter" Code in: KLEIN/WUNDERLICH, Aspekte der Soziolinguistik 1971, S. 65-69.

fisch verteilt sind, faßt OEVERMANN als "operationale Indikatoren der linguistischen Kodes" auf (OEVERMANN u.a. 1968, S. 29), aber eben nicht als die linguistischen Codes selber.

Die oben (unter 2.1 1) vorgestellte Konzeption läßt nach OEVERMANN zunächst zwei Schlüsse zu:

Einmal, daß jeder empirisch angebbaren sozialen Rolle ein je spezifischer linguistischer Code entspricht.
OEVERMANN weist darauf hin, daß das im Rahmen einer Theorie der linguistischen Codes insofern unsinnig wäre, als man dann zu einer - notwendig willkürlichen - Sammlung komplexer Sprachmuster käme, für die aber nicht entscheidbar wäre, in welcher Hinsicht sie sich systematisch gleichen oder unterscheiden. Er führt deshalb aus, daß es notwendig sei, die Redeweise von den rollenspezifischen linguistischen Codes und Sprachmustern zu revidieren, und eine höhere Abstraktion vorzunehmen. Konkrete soziale Rollen müßten dann in allgemeinen, universell anwendbaren Begriffen charakterisiert werden. Diese Begriffe müßten allgemeine Komponenten von sozialen Rollen bezeichnen, so daß eine konkrete soziale Rolle als spezifische Konfiguration einer vieldimensionalen Matrix allgemeiner Komponenten erscheint. Linguistische Codes seien dann in Abhängigkeit von diesen allgemeinen Komponenten zu sehen. Diese höhere Abstraktion sieht OEVERMANN bei BERNSTEIN schon angelegt, wenn dieser an verschiedenen Stellen die linguistischen Codes durch die Struktur von Sozialbeziehungen und nicht durch Rollen determiniert sieht (siehe dazu OEVERMANN 1972, S. 342).

Die zweite Folgerung, die man aus der oben (2.1 1) vorgestellten Konzeption ziehen könnte, wäre, daß sich die Strategien der Symbolauswahl aus der jeweils aktualisierten Rolle bzw. Handlungssituation [1] ergeben. Die

---

1) Die Gleichsetzung von aktualisierter Rolle und Handlungssituation ergibt sich aus der Annahme OEVERMANNs, daß die Matrix der allgemeinen Komponenten zur Charakterisierung sozialer Rollen weitgehend zusammenfällt mit der Matrix von Komponenten zur soziologischen Beschreibung von Elementen der Handlungssituation. Er leitet diese Koinzidenz aus dem Sachverhalt ab, "daß einerseits die Übernahme sozialer Rollen

konsequente Folgerung daraus wäre, daß alle Mitglieder eines sozialen Systems in gleichen Handlungssituationen auch gleiche Strategien der Symbolverwendung wählten.

Stellt man sich aber den Kommunikationsverlauf eines Automechanikers und eines Chefarztes mit einem Polizisten, oder eines Facharbeiters und eines Generaldirektors mit einem Bankbeamten vor - Beispiele, die OEVERMANN in seiner Dissertation anführt - wird die Problematik dieser These einsichtig. Vielmehr ist anzunehmen, daß die an einer solchen äusserlich ähnlichen Interaktionssituation beteiligten Individuen aufgrund ihrer verschiedenen sozialen und personalen Identität [1] schon bestimmte Deutungen an die Handlungssituation herantragen, was sich dann auf den Verlauf der Interaktion auch auswirkt. Die Deutungen selbst sind aber schon immer an die linguistischen Codes gebunden. Daraus zieht OEVERMANN den Schluß, daß es nicht ausreicht, die Strategien des Sprachgebrauchs an den einzelnen Interaktionssituationen festzumachen, sondern daß man vielmehr von situationsübergreifenden, die Sozialbiographie eines Individuums generell kennzeichnenden Strategien des Sprachgebrauchs ausgehen muß.

Auf den Stellenwert, den OEVERMANN der oben skizzierten, von ihm als "elementaristisch" bezeichneten Version der Theorie der linguistischen Codes dennoch zuerkennt, wird weiter unten noch eingegangen.

2.1 2 Der Erwerb linguistischer Codes

Zuerst aber soll geklärt werden, wie sich OEVERMANN den Erwerb situationsübergreifender linguistischer Codes denkt. Als soziologische Implika-

---

die Konfrontation mit einer typischen Anordnung von Handlungssituationen impliziert und andererseits die Handelnden die konkreten, objektiv beschreibbaren Handlungssituationen bis zu einem gewissen Grade immer im Horizont der an die jeweils aktualisierte soziale Rolle geknüpften Orientierungen und Erwartungsmuster strukturieren" (S. 343).

1) Die Unterscheidung zwischen sozialer und personaler Identität übernimmt OEVERMANN von GOFFMAN: "Die persönliche Identität kommt zum Ausdruck in einer unverwechselbaren Biographie, die soziale Identität in der Zugehörigkeit ein und derselben Person zu verschiedenen, oft inkompatiblen Bezugsgruppen" (zitiert nach HABERMAS 1968, S. 13)

tion geht in die Erklärung dieses Sachverhalts das Rollenkonzept des Sozialisationsvorgangs ein, wie es Jürgen HABERMAS in seinen "Thesen zur Theorie der Sozialisation" ausführt:
Sozialisation wird in diesem Konzept als "Vorgang der Integration in bestehende Rollensysteme" verstanden. Im primären Sozialisationsprozeß (bis zum 6. Lebensjahr) erwirbt das Kind die Fähigkeit, soziale Rollen zu spielen, also überhaupt erst die Handlungsfähigkeit eines Subjekts. Das Lernen von Rollen geschieht durch Identifikation mit relevanten Bezugspersonen. Das lernende Subjekt internalisiert die Rolle des anderen und das heißt nicht, dessen faktisches Verhalten, sondern seine normativen Erwartungen; es werden also nicht nur einzelne Reaktionen, sondern integrierte Verhaltensmuster, Verhaltenserwartungen, d. h. Interpretationen von Verhaltensweisen, gelernt. Durch Identifikation werden nicht Personen als Vorbilder verinnerlicht, sondern Beziehungssysteme zwischen Personen.

Dieses Lernen durch Identifikation ist gebunden an eine Vermittlung von Symbolen auf der Ebene sprachlicher oder quasisprachlicher Intersubjektivität. An die Stelle der rein empirischen Reiz-Reaktions-Beziehung im behavioristischen Konzept des Lernens tritt eine symbolische Beziehung (siehe dazu HABERMAS 1968, S. 2-5). Von daher wird einsichtig, weshalb mit dem Vorgang des Rollenlernens der Erwerb linguistischer Codes verbunden ist.

Damit ist allerdings noch nicht der Erwerb situationsübergreifender linguistischer Codes geklärt: HABERMAS nimmt an, daß die Erfahrungen, die im Sozialisationsprozeß während der Formierungsperiode eines noch schwachen Ich gemacht werden, langfristig prägende Effekte haben, daß also innerhalb des primären Sozialisationsprozesses allgemeine Handlungsstrategien und -dispositionen entstehen, die die späteren Lernprozesse grundlegend kanalisieren.

HABERMAS stützt sich dabei auf die Erkenntnis FREUDs über die Bedeutung der infantilen Entwicklung der Sexualität für die gesamte Motivationsstruktur und auf Untersuchungen BLOOMs über die Stabilität bestimmter kognitiver und motivationaler Merkmalskomplexe (siehe dazu HABERMAS

1968, S. 15). Auf diese Untersuchungen wird im nächsten Teil der Arbeit, der sich mit den theoretischen Grundlagen von Programmen zur kompensatorischen Spracherziehung befaßt, noch näher eingegangen werden (3. 6 1 ff.).

OEVERMANN weist darauf hin, daß sich von diesem Ansatz her sowohl einerseits individualspezifische Stile des Rollenhandelns, die sich in der Übernahme verschiedener sozialer Rollen durchgängig manifestieren, als auch situationsübergreifende, die Sozialbiographie eines Individuums generell kennzeichnende Strategien des Sprachgebrauchs erklären lassen und schreibt weiter: "Unter diesem Gesichtspunkt wird dann für eine Theorie der linguistischen Kodes das Studium der schichtenspezifischen intrafamilialen Sozialisationsprozesse entscheidend, und zwar in einem theoretischen Kontext, in dem die intrafamilialen Rollenkonstellationen und Interaktionsmuster - als Fundament der Strategien des Sprachgebrauchs - ihrerseits aus den außerfamilialen, objektiven Strukturbedingungen abgeleitet werden" (OEVERMANN 1972, S. 348).

Im Rahmen der Erforschung dieser intrafamilialen Interaktionsprozesse gewinnt dann auch für OEVERMANN die oben skizzierte elementaristische Version der Code-Theorie ihre schon angedeutete Relevanz. Er weist darauf hin, daß die sozialen Rollen und die daran hängenden linguistischen Codes schließlich in einer Sequenz konkreter Interaktionssituationen gelernt werden. Was dieser Theorieansatz dann leisten könnte, wäre, Informationen zu liefern über die Verknüpfung allgemeiner Elemente der Handlungssituation und des Sprachgebrauchs.

2.1 3 Ausweitung des Code-Begriffs auf außersprachliche Kommunikationssymbole

Bevor jetzt darauf eingegangen werden kann, wie bestimmte weitergehende Annahmen dieses rollentheoretischen Ansatzes mit der positiven Wertung, die OEVERMANN hinsichtlich des "elaborated code" vornimmt, zusammenhängen, soll erst noch geklärt werden, wie OEVERMANN den eigenen Theorieansatz modifiziert.

Bisher war davon die Rede, daß es sich bei den linguistischen Codes um Strategien der Verwendung sprachlicher Elemente handelt. OEVERMANN modifiziert seinen Ansatz insofern, als er die Theorie der linguistischen Codes auf die Verwendung von Symbolen überhaupt, also auch auf die Verwendung außersprachlicher Kommunikationssymbole ausweitet. Linguistische Codes sind dann als allgemeine kognitive Einstellungen zum Sprachgebrauch gekennzeichnet. "Darin ist aber schon beschlossen, daß es nicht nur um die Art der verwendeten Sprachmittel geht, sofern überhaupt gesprochen wird, sondern daß umfassender die Einstellung zum Gebrauch der Sprache als eines der möglichen Kommunikationsmedien gemeint ist. (...) Die Kodes schreiben eben nicht nur vor, welche sprachlichen Mittel gewählt werden, sondern auch, wann überhaupt sprachliche Kommunikationssymbole konkurrierenden Ausdrucksmitteln vorgezogen werden" (S. 361).

OEVERMANN weist darauf hin, daß diese Ausweitung der Theorie auch schon bei BERNSTEIN gegeben ist, wenn dieser den restringierten Code dadurch kennzeichnet, daß in ihm Bedeutungsgehalte und subjektive Intentionen häufig extraverbal kommuniziert werden (ebenda). Von dieser Bestimmung der Codes als Muster der Einstellung zum Sprachgebrauch her kennzeichnet OEVERMANN den restringierten Code als "Strategie der minimalen Verbalisierung", das meint, daß ein Sprecher im restringierten Code in Handlungssituationen nur das verbalisiert, was vom außerlinguistischen Kontext her noch nicht eindeutig ist. "Alle darüber hinausgehende Verbalisierung ist für den Sprecher im restringierten Kode redundant, ist für ihn 'Geschwätz'" (S. 364).

Der elaborierte Code dagegen wird von OEVERMANN als "Strategie der autonomen Verbalisierung" charakterisiert, gemeint ist damit, daß die Verbalisierung weitgehend kontextunabhängig ist.

Die Frage, die sich jetzt natürlich sofort stellt ist, weshalb ein Sprachgebrauch im elaborierten Code gegenüber einem Sprachgebrauch im restringierten Code positiver zu bewerten ist. Vielmehr läßt das öfter (in den Vorlesungen von ENGELEN) zitierte Beispiel des Autofahrers, der an einer Tankstelle vorfährt und sich auf ein "Bitte volltanken" beschränkt - also in einer Minimalstrategie der Sprachverwendung nur das verbalisiert, was vom äußeren Kontext her notwendig ist - den Schluß zu, daß diese Sprechweise in verschiedenen Handlungssituationen sehr viel funktionaler ist, als eine weitgehend kontextunabhängige Verbalisierung.

Um die Wertungen OEVERMANNs zu verstehen, ist es notwendig, auf die Implikationen der Code-Theorie zurückzukommen:
Die den elaborierten Code kennzeichnende Einstellung zum Sprachgebrauch ist nach OEVERMANN Voraussetzung für

1. den Aufbau der Ich-Identität eines autonomen Individuums
2. das Zustandekommen eines rationalen Diskurses (OEVERMANN 1972, S. 365).

2.2 Die soziologischen Implikationen der Code-Theorie

2.2 1 Das Konzept der Ich-Identität

Das Konzept der Ich-Identität wird von HABERMAS in seinen Thesen zur Theorie der Sozialisation ausgeführt. Die HABERMAS-Schüler OEVERMANN und KRAPPMANN nennen dieses Konzept in ihrem Projektvorschlag "Elternhaus und Schule" ausdrücklich als theoretische Grundlage (siehe dort S. 20).

Im Konzept der Ich-Identität werden - ausgehend von einer Kritik am konventionellen rollentheoretischen Ansatz - "Grundqualifikationen" aufgeführt, deren Erwerb im Sozialisationsprozeß nach Auffassung der Vertreter dieses Ansatzes Vorbedingung für die erfolgreiche Interaktion der Mitglieder eines sozialen Systems ist. Wie zu zeigen sein wird, sind diese "Grundqualifikationen" an den Erwerb eines Sprachgebrauchs im elaborierten Code gebunden.

Um die komplexe Thematik übersichtlich darzustellen, werden im folgenden zuerst die Annahmen des traditionellen Ansatzes bezüglich der Bedingungen erfolgreichen Rollenhandelns genannt, dann - im Zusammenhang mit der von HABERMAS formulierten Kritik dieses Ansatzes - die "Grundqualifikationen" aufgeführt, um dann in einem dritten Abschnitt den Zusammenhang aufzuzeigen, der zwischen dem Identitätskonzept als theoretischer Grundlage der Sprachbarrierentheorie (bei BERNSTEIN eher implizit) und der positiven Bewertung des elaborierten Code besteht.

2.2 11 Annahmen des konventionellen rollentheoretischen Ansatzes bezüglich der Bedingungen erfolgreichen Rollenhandelns

In die Behandlung der Ausgangsfrage, die das Verhältnis von sozialer Rolle und Sprachgebrauch betraf, ging schon implizit das Konzept ein, in dessen Rahmen sich alle folgenden, hier ausgeführten Überlegungen bewegen: Das Rollenkonzept der bürgerlichen Sozialwissenschaft.

Im Verständnis der Vertreter dieses Ansatzes "spielen" die Mitglieder eines sozialen Systems innerhalb bestimmter Problemkontexte bestimmte Rollen. An die Übernahme einer sozialen Rolle ist ein Netz von Interaktionsverpflichtungen geknüpft (so zum Beispiel an die soziale Rolle "Lehrer" Interaktionen mit den Schülern, den Kollegen, dem Schulrat, den Eltern). Diese Interaktionen werden von KRAPPMANN als "Rollenspiel" bezeichnet. Ein Rollenspiel setzt voraus, daß mindestens zwei Rollenpartner kommunikativ handeln (siehe KRAPPMANN 1971, S. 27). Die Rollenspieler orientieren ihr Handeln an gesellschaftlich vorgegebenen Normen. Die Normen formulieren komplementäre Verhaltenserwartungen (z.B. Lehrer/Schüler, Meister/Lehrling, Eltern/Kinder).

Damit Interaktionen zwischen Rollenspielern erfolgreich verlaufen können, d.h. so, daß die volle Komplementarität der handelnden Interaktionspartner gewährleistet ist, müssen nach Annahme der konventionellen Rollentheorie (als deren profiliertester Vertreter PARSONS gilt) die folgenden Bedingungen erfüllt sein:

1. In stabil eingespielten Interaktionen muß auf beiden Seiten eine Kongruenz zwischen gesellschaftlicher Wertorientierung und Bedürfnisdisposition der handelnden Subjekte bestehen: der institutionell hergestellten

Komplementarität der Erwartungen und der Verhaltensweisen entspricht dann auch eine Reziprozität der Bedürfnisbefriedigung (diese Annahme bezeichnet HABERMAS als Integrationstheorem).

2. In stabil eingespielten Interaktionen muß sich die Definition einer Rolle mit den Interpretationen der Rollenpartner im Hinblick auf deren gegenseitige Erwartungen vollständig decken, so daß die Rollenpartner zumindest der Möglichkeit nach ihren Platz tauschen könnten (Identitätstheorem).

3. Stabil eingespielte Interaktionen beruhen darauf, daß sich auf der Ebene der Persönlichkeitsstruktur die internalisierten Werte (Motive) mit den institutionalisierten Wertorientierungen (Rollen) vollständig decken, so daß erwartet werden kann, daß die Interagierenden die an sie gestellten Verhaltenserwartungen auch tatsächlich erfüllen (Konformitätstheorem) (siehe dazu HABERMAS 1968, S. 8-10).
   Dazu PARSONS: "Wenn eine Person voll im Interaktionssystem sozialisiert ist, ist es nicht richtig zu sagen, daß eine Rolle etwas ist, was ein Handelnder "hat" oder "spielt", sondern etwas, was er ist" (zitiert nach KRAPPMANN 1971, S. 28).

Eine Schwierigkeit sieht der traditionelle Ansatz darin, daß von den handelnden Subjekten oftmals Rollen nebeneinander aktualisiert werden müssen, deren Definitionen einander widersprechen (so z. B. die Mutterrolle und die Rolle der berufstätigen Frau). Bedingung erfolgreichen Rollenhandelns sei deshalb, daß sich die Rollenspieler jeweils nur an einer Rolle orientieren (siehe dazu das bei GERHARDT 1972, S. 249 angeführte klassische Beispiel von Samuel STOUFFER, der Studenten in das Dilemma brachte, "als Aufsichtsführende bei einer Klausur einen Freund zu überraschen, während er unerlaubte Hilfsmittel benutzte"). Implizit wird angenommen, daß die unberücksichtigten Verhaltenserwartungen das Individuum nicht länger belasten.

2.2 12 Kritik und Modifikation des konventionellen Ansatzes

ad 1: Kritik des Integrationstheorems

HABERMAS kritisiert, daß die in diesem Theorem (Integrationstheorem) angenommene Übereinstimmung gesellschaftlicher Wertorientierungen mit den Bedürfnissen der Mitglieder eines sozialen Systems für keine der bestehenden Gesellschaften angenommen werden könne, vielmehr bestünde Anlaß zu der Annahme, daß in allen bisher bekannten Gesellschaften "ein fundamentales Mißverhältnis zwischen der Masse der interpretierten Bedürfnisse und den gesellschaftlich lizensierten, als Rollen institutionalisierten Wertorientierungen bestanden hat" (HABERMAS 1968, S. 8). Für Interaktionen zwischen Rollenspielern bedeutet das, daß einer Komplementarität der Erwartungen in keiner Weise auch eine Reziprozität der Bedürfnisbefriedigung entsprechen muß. Die o. a. Beispiele (Lehrer/Schüler, Eltern/Kinder) veranschaulichen unserer Ansicht nach die Richtigkeit der HABERMASschen Kritik in diesem Punkt.

Volle Komplementarität der Erwartungen und der Verhaltensweisen kann für HABERMAS vielmehr nur unter Zwang, nur um den Preis der Unterdrückung von Konflikten, hergestellt werden.

Ob bzw. in welchem Maß diese Aussage für alle denkbaren Gesellschaftsordnungen Gültigkeit besitzt, macht HABERMAS allerdings nicht zum Gegenstand seiner Überlegungen. Seine Einsicht in bestehende gesellschaftliche Widersprüche ist für ihn nicht Anlaß, Überlegungen dahingehend anzustellen, durch Veränderung welcher Bedingungen die Wirklichkeit dem idealtypischen Modell vielleicht angenähert werden könnte, er modifiziert vielmehr die Bedingungen des Rollenhandelns entsprechend der vorgefundenen Wirklichkeit.

So modifiziert er die im Integrationstheorem genannte Bedingung erfolgreichen Rollenhandelns dahingehend, daß die Rollenpartner für die Sicherung des Fortgangs von Interaktionen fähig sein müssen, auf die von den eigenen verschiedenen Bedürfnisdispositionen des anderen einzugehen und auch unter Bedingungen unvollständiger Komplementarität zu interagieren [1].

---

1) Auf die Tatsache, daß in einem System sozialer Ungleichheit die Inter-

Mehr als ein vorläufiger, kompromißhafter Konsensus über die Interpretation ihrer Rollen, d. h. über das Maß der Bedürfnisbefriedigung, das sie ihrem Interaktionspartner zugestehen müssen, können die Rollenspieler nicht erreichen.

Von daher begründet HABERMAS die Notwendigkeit, daß handelnde Subjekte im Sozialisationsprozeß eine Grundqualifikation erwerben müssen, die er als "Frustrationstoleranz" bezeichnet. Frustrationstoleranz bezeichnet die Fähigkeit eines Individuums, der Ambivalenz zwischen Verhaltenserwartung und eigener Bedürfnisdisposition gewachsen zu sein.

ad 2: Kritik des Identitätstheorems

HABERMAS kritisiert das Identitätstheorem, weil die Übereinstimmung von Rollendefinition und Rolleninterpretation ausschließe, daß sich die handelnden Subjekte als "unvertretbare Individuen" darstellen könnten, ausreichende Möglichkeiten zur Selbstrepräsentation also nicht gegeben seien (siehe dazu HABERMAS 1968, S. 9).

Die Bedingungen erfolgreichen Rollenhandelns werden von den Vertretern dieses Ansatzes dahingehend bestimmt, daß Rollennormen nicht rigide definiert sein dürfen, sondern einen gewissen Spielraum für subjektive Interpretationen durch die Rollenpartner lassen müssen. Erst diese Bedingung erlaube es den Individuen, den Entwurf ihrer persönlichen Identität in die Interaktion miteinzubringen und angesonnene Verhaltenserwartungen im Hinblick auf größere Übereinstimmung mit persönlichen Bedürfnisdispositionen umzuinterpretieren (siehe dazu KRAPPMANN 1971, S. 30).

Auf der Ebene der Persönlichkeitsstruktur des Individuums entspricht dem die Fähigkeit zur kontrollierten Selbstdarstellung, d. h., daß das handelnde

---

aktionspartner aufgrund ihrer unterschiedlichen Machtposition auch verschieden starke Chancen haben, ihre Absichten durchzusetzen, also auf die Problematik der Machtkomponente innerhalb von Interaktionssituationen soll an dieser Stelle wegen der Übersichtlichkeit der Darstellung nicht eingegangen werden. Darauf, wie sich dieses Problem im Verständnis der Vertreter dieses Ansatzes löst, wird in der Kritik des Identitätskonzepts einzugehen sein (siehe dazu unter 2. 3 3).

Subjekt in der Lage ist, ein "angemessenes Verhältnis von Rollenübernahme und Rollenentwurf" zu finden (HABERMAS 1968, S. 11).

ad 3: Kritik des Konformitätstheorems

HABERMAS kritisiert, daß das Konformitätstheorem in keiner Weise Möglichkeiten autonomen Handelns miteinbeziehe. Eine derartig rigide Verhaltenskontrolle verhindere, daß bestehende Normen in Frage gestellt werden, bzw. Autonomie gegenüber gesellschaftlichen Zwängen gewahrt werden könne.

Bedingung stabiler Interaktion sei es vielmehr, daß die handelnden Subjekte eine flexible Form der Verhaltenskontrolle ausbildeten, die es ihnen ermögliche, sich relativ autonom zu verhalten und gut verinnerlichte Normen reflexiv anzuwenden, also gegenüber den gestellten Anforderungen eine gewisse Distanz zu bewahren (Rollendistanz).

Bedingung erfolgreichen Rollenhandelns ist dann bei diesem Ansatz auch nicht die Orientierung an nur einer Rolle unter Vernachlässigung der anderen an das Individuum gerichteten Erwartungen, vielmehr muß der Rollenspieler, indem er eine Rolle übernimmt, zugleich verdeutlichen, welche weiteren Rollen er noch innehat oder früher innehatte. Diese "spezifische Form der Verhaltenskontrolle" ermöglicht es dem Rollenspieler "der Ambiguität fremder Erwartungen" (das meint die Widersprüchlichkeit der Rollenerwartungen, die an das handelnde Subjekt herangetragen werden) und "der Ambivalenz eigener Einstellungen" (das spricht die Diskrepanz zwischen Rollennorm und individueller Bedürfnisdisposition an) "durch eine flexible Anwendung der Normen (zu) entsprechen" (OEVERMANN u.a. 1968, S. 21).

Diese im Sozialisationsprozeß zu erwerbende Form der Verhaltenskontrolle bezeichnet HABERMAS als flexible Über-Ich-Formation.

2.2 13 Ich-Identität als Bedingung von Interaktion

Den Erwerb der genannten drei [1] Grundqualifikationen (Frustrationstoleranz, kontrollierte Selbstdarstellung, flexible Über-Ich-Formation) bezeichnet dieser Ansatz als Voraussetzung erfolgreicher Interaktion. Von ihnen hängt es ab, inwieweit die Individuen in Interaktionen in "flexiblem Rollenspiel" einerseits ihre "personale Identität" einbringen, zum anderen ihre "soziale Identität" wahren können.

"Soziale Identität" bezeichnet - wie weiter oben schon ausgeführt - die von einem Rollenspieler zu einem bestimmten Zeitpunkt seines Lebens nebeneinander aktualisierten Rollen, die bestimmte, z. T. widersprüchliche Verhaltenserwartungen formulieren. Diesen sozialen Erwartungen muß der Rollenspieler nachkommen, damit er als Interaktionspartner akzeptiert wird. Andererseits wird von ihm erwartet, daß er sich angesichts der diskrepanten Erwartungen nicht "chamäleonhaft" (KRAPPMANN) verhält und sich den jeweils an ihn gestellten Erwartungen völlig anpaßt, vielmehr muß er eine bestimmte Konsistenz im Verhalten zeigen, verdeutlichen, "wer er ist" und für was er eintritt (Einbringen der persönlichen Identität).

Das darf aber wiederum nicht dazu führen, daß sich der Rollenspieler durch ungenügende Erfüllung der an ihn gestellten Erwartungen isoliert (siehe dazu ausführlich KRAPPMANN 1971a).

Personale und soziale Identität stehen in diesem Konzept zueinander im Widerspruch (siehe dazu KRAPPMANN 1971, S. 30). Einerseits wird vom handelnden Subjekt erwartet, daß es sich an den gesellschaftlichen Verhaltenserwartungen orientiert und mit ihnen übereinstimmt, andererseits -

---

1) In dem Projektvorschlag "Elternhaus und Schule" von OEVERMANN u. a. werden die genannten drei Grundqualifikationen unter den Begriffen Rollendistanz und Ambiguitätstoleranz gefaßt. Rollendistanz bezieht sich auf die Art der Internalisierung von Werten und Normen, entspricht also der flexiblen Über-Ich-Formation bei HABERMAS. Ambiguitätstoleranz bezeichnet "das psychische Korrelat der Normen- und Interpretationsdiskrepanzen sowie der nicht voll komplementären Bedürfnisbefriedigung im Interaktionssystem" (KRAPPMANN 1971, S. 31), entspricht also den von HABERMAS als "Frustrationstoleranz" und "kontrollierte Selbstdarstellung" bezeichneten Fähigkeiten.

in der Dimension personaler Identität - daß es sich gerade von diesen Normen unterscheidet und seine Einzigartigkeit in Interaktionen verdeutlicht.

Ich-Identität bezeichnet in diesem Konzept die Fähigkeit der Individuen, personale und soziale Identität zu balancieren, d. h. in "flexiblem Rollenspiel" einen ausgewogenen Ausgleich der widersprüchlichen Erwartungen zu finden.

Flexibles Rollenspiel sieht folgendermaßen aus: Zunächst übernimmt der Rollenspieler die angesonnenen Erwartungen und tut, als ob seine Person mit den vorgegebenen Normen voll zur Deckung zu bringen sei ("role taking"); auf einer nächsten Stufe dagegen muß der Rollenspieler verdeutlichen, daß diese Übernahme eine scheinbare ist und er mit den angesonnenen Erwartungen nicht übereinstimmt ("role making"). Diesen Entwurf von Einzigartigkeit muß der Rollenspieler dann wiederum als relativ durchschaubar machen und zeigen, daß er den Anforderungen bis zu einem gewissen Grade doch entspricht (siehe dazu KRAPPMANN 1971, S. 30). Lyrisch verbrämt liest sich das bei KRAPPMANN so:
"Den Eindruck, den das Individuum in seinen Anstrengungen, Identität zu behaupten, vermittelt, ist der eines ständig jonglierenden und balacierenden Artisten, eines Schauspielers, der in einem Augenblick das gesamte Geschehen auf der Bühne beherrscht und sich dann leise wieder davonstiehlt, eines geschickten Händlers, der seine Verträge mit Vorbehaltsklauseln in jeder Hinsicht absichert und dann doch alles auf eine Karte setzt, fast eines Scharlatans, der sich in seinen vieldeutigen Äußerungen auf nichts festlegen läßt" (KRAPPMANN 1971a, S. 56).

KRAPPMANN verwahrt sich ausdrücklich gegen den Vorwurf, bei dem hier skizzierten flexiblen Rollenspiel handle es sich um "metaphysische Spekulation", um ein "Ausleben des bürgerlichen Ich" - ein Vorwurf, den zwar niemand erhoben hat, den aber KRAPPMANN vorwegzunehmen versucht gleich einem "geschickten Händler, der seine Verträge mit Vorbehaltsklauseln in jeder Hinsicht absichert"! - vielmehr sei die Behauptung von Ich-Identität ein strukturelles Erfordernis des Interaktionsprozesses

(KRAPPMANN 1971, S. 30) - wobei anzumerken ist, daß immer bestehende widersprüchliche gesellschaftliche Strukturen Grundlage der darauf aufbauenden Theorie sind.

2.2 14 Der Zusammenhang zwischen dem Identitätskonzept als Implikation der Code-Theorie und der positiven Bewertung des "elaborated code"

An dieser Stelle läßt sich dann auch der Zusammenhang aufzeigen, der zwischen der Bejahung dieses Identitätskonzeptes als theoretischer Grundlage und der positiven Wertung hinsichtlich einer Sprachverwendung im elaborierten Code besteht.

KRAPPMANN schreibt: "Die Identität, die ein Individuum aufrechtzuerhalten versucht, ist in besonderer Weise auf sprachliche Darstellung angewiesen, denn vor allem im Medium verbaler Kommunikation - das allerdings durchaus durch die Hilfe extraverbaler, z.B. gestischer oder mimischer Symbolorganisation in Anspruch nimmt - findet die Diskussion der Situationsinterpretationen und die Auseinandersetzung über gegenseitige Erwartungen zwischen Interaktionspartnern statt, in der diese Identität sich zu behaupten sucht. Der Wahrung von Identität kann jedoch nur eine Sprache dienen, die die prekäre Balance der Identität zwischen divergierenden Erwartungen in sich aufzunehmen vermag; eine Sprache also, die die jeweiligen Erwartungen der Interaktionspartner anzeigen kann, ohne einen Spielraum für Diskussion zu leugnen, die Widersprüche zu behaupten und aufzuklären erlaubt, aber nichtlösbare Diskrepanzen auch stehen lassen kann, und die fähig ist, über die im Augenblick erfragte Information hinaus weitere, für Interaktion und Identität bedeutsame Mitteilungen in die Kommunikation einzuführen.

Die Sprache, mit deren Hilfe ein Individuum im Interaktionsprozeß seine Identität festhält, muß demnach drei Funktionen erfüllen: Sie muß die Erwartungen, die aus der Besonderheit der Interaktionsbeteiligungen eines Individuums folgen, seinen Partnern übersetzen; sie muß sich also insofern bewähren, als sie den unausbleiblichen Informationsverlust bei der

Darstellung individueller Erfahrungen in einem allgemeinen, da gemeinsamen Bedeutungssystem möglichst gering hält. Die Sprache muß ferner als Instrument der Problemlösung verwendbar sein. Dies stellt Anforderungen an die Differenziertheit ihres begrifflichen Apparates und an die mögliche Komplexität der syntaktischen Organisation. Darüber hinaus verlangt es aber auch, daß dieser Begriffsapparat überhaupt in der Lage ist, die Probleme zwischen Partnern in Systemen kommunikativen Handelns zu artikulieren. Zum dritten muß die Sprache 'Überschußinformation' weitergeben können. 'Überschüssig' ist eine Information, insofern sie nicht nur die Erwiderung auf eine vorangegangene Aussage bietet, sondern der Sprechende mit verbalen oder außerverbalen Mitteln seine besondere Einstellung zum Inhalt der Mitteilung kennzeichnet. Erst durch diese nähere Qualifikation der Mitteilung wird die Bedeutung einer Aussage für den Interaktionszusammenhang sichtbar; denn nun übermittelt sie nicht nur durch den manifesten Inhalt eine dem Handlungszusammenhang selbst äußerliche 'Regieanweisung', sondern definiert implizit den Charakter der sozialen Beziehung mit, in deren Rahmen sie steht" (KRAPPMANN 1971a, S. 12/13).

Und an anderer Stelle: "Über die sprachlichen Mittel des von B. BERNSTEIN beschriebenen 'elaborierten Kodes' verfügen zu können, erscheint als Voraussetzung für die analytischen und interpretatorischen Leistungen, die zur Teilnahme an einem balancierten Interaktionssystem erforderlich sind" (KRAPPMANN 1971, S. 33).

Wir haben KRAPPMANN deswegen so ausführlich zitiert, weil hier die sonst z. T. recht verstreuten Bemerkungen zur Interdependenz zwischen Identitätskonzept und der positiven Bewertung des "elaborated-code", wie er dem OEVERMANN/KRAPPMANNschen Ansatz zugrunde liegt, in zusammenhängender Weise dargestellt werden, und wir nicht meinen, daß wir dem Anspruch nach individueller Qualifikation dadurch nachkommen, daß wir mit eigenen Worten das noch einmal umständlich formulieren, was bereits klar ausgeführt vorliegt, zum andern auch deswegen, um zu belegen, daß diese Interdependenz keine von uns konstruierte ist.

2.2 15 Zu den sozialstrukturellen Bedingungen des Erwerbs von Ich-Identität

Für die Ausbildung von Ich-Identität und die daran geknüpfte Sprachverwendung im elaborierten Code, die erst die Möglichkeit flexiblen Rollenspiels eröffnet, sind nach OEVERMANN die sozial-strukturellen Bedingungen der Unterschicht eher ungünstig. Er führt aus, daß hier Rollenbeziehungen vorlägen, die kaum "Interpretation von Erwartungen" und "autonome Ausgestaltung des Verhaltens" (KRAPPMANN) - Voraussetzungen der Identitätsbalance - verlangten:

"Die Stabilität der Rollenbeziehungen ist nicht, wie in der Mittelschicht, von der autonomen Ausgestaltung und Interpretation der Verhaltensnormen abhängig, sondern umgekehrt an die unumschränkte Einhaltung nicht mehr diskutierbarer Regeln gebunden (Normenrigidität). Die Einzelperson, die aufgrund ihres geringen Kontaktes zur differenzierten Außenwelt ohnehin nur ein geringes Rollenrepertoire und einige wenige 'zentrale Rollenelemente' (WEINSTOCK 1963) zu verwalten hat, wird von den primären, partikularistisch-solidarischen Sozialbeziehungen absorbiert, die für sie diffuse, multifunktionale Ziele erfüllen. Eine klare Trennung von Gruppe und Selbst findet nicht statt. Auf diesem Hintergrund wird verständlich, warum der Angehörige der Unterschicht keine reflexive Einstellung im Handeln und keine Ich-Autonomie entwickeln kann" (OEVERMANN 1970, S. 306).

Von daher schlägt KRAPPMANN als kompensatorische Maßnahmen, die den Kindern der Unterschicht dennoch die Ausbildung von Ich-Identität ermöglichen soll, die Schaffung eines "komplexen, Differenzierungen erlaubenden Gegenmilieus" vor (KRAPPMANN 1971, S. 34). In diesem Zusammenhang sind dann Rollenspiele, wie sie etwa auch in den kompensatorischen Programmen SCHÜTTLER-JANIKULLAs auftauchen und inzwischen auch Eingang in Schulbücher der Primarstufe gefunden haben (siehe etwa "Sprache und Sprechen von KOCHAN u.a. Lehrerband für das 2. Schuljahr, 1971, S. 12 ff.) zu sehen.

2.2 2 Der rationale Diskurs

Außer an dem Konzept der Ich-Identität bemißt sich OEVERMANNs positive Wertung hinsichtlich des elaborierten Codes an einer weiteren theoretischen Konzeption seines Lehrers HABERMAS: dem rationalen Diskurs.

Dessen Zustandekommen setzt eine Strategie der Symbolverwendung im elaborierten Code voraus. Im folgenden gilt es zu klären, was unter einem Diskurs zu verstehen ist. Dabei ist es im Zusammenhang mit der spezifischen Fragestellung im Rahmen dieser Arbeit nicht möglich, in dem Maße auf HABERMAS' Theorieansatz einzugehen, wie dies zu einem adäquaten Verständnis notwendig wäre. Wir verweisen deshalb auf die angegebene Literatur.

Den folgenden Ausführungen liegen vor allem zwei Aufsätze zugrunde:

Die Einleitung zur Neuausgabe des Bandes "Theorie und Praxis", insbesondere S. 23-26 (HABERMAS 1971) und der Aufsatz "Vorbereitende Bemerkungen zu einer Theorie der kommunikativen Kompetenz", hier vor allem S. 114-122 (HABERMAS/LUHMANN 1971a).

Grundlegende Kategorien der HABERMASschen Theorie sind "Arbeit" und "Interaktion". Mit ihnen versucht HABERMAS das Phänomen der Gesellschaft zu fassen. Die Sphäre der Arbeit ist der Bereich "instrumentalen Handelns" (vgl. dazu die Aufsätze "Arbeit und Interaktion" und "Technik und Wissenschaft als 'Ideologie'", in: Technik und Wissenschaft als Ideologie, 1971).

Die folgenden Ausführungen über den rationalen Diskurs beziehen sich allein auf die Sphäre "kommunikativen Handelns", die "Sphäre der Interaktion". Hier gewinnt der Diskurs Relevanz.

Wenn OEVERMANN also in seinen verschiedenen Ausführungen mit diesem Diskurs die Notwendigkeit einer elaborierten Symbolverwendung begründet (OEVERMANN 1968 und 1972) und die Benachteiligung der Unterschichtangehörigen auch daran ermißt, daß sie zum Führen eines solchen Diskurses nicht imstande sind, dann ist gerade nichts darüber ausgesagt, daß der restringierte Code am Arbeitsplatz dysfunktional wäre. Das entkräftet also die Argumentation derer, die gegen OEVERMANN anführen, daß er die Funktionalität dieser "Strategie der minimalen Verbalisierung" in vielen Lebenssituationen (so z. B. das angeführte "Gespräch" zwischen Tankwart und Autofahrer) nicht sehen würde, vielmehr führt OEVERMANN selbst an, daß typisch manuelle Tätigkeiten in der Industrieproduktion auf die Ausbildung einer differenzierten außersprachlichen Gestik geradezu angewiesen sind (siehe OEVERMANN 1972, S. 386). Unter dem Gesichtspunkt instrumentalen Handelns sieht OEVERMANN den restringierten Code durchaus sogar als Bedingung erfolgreicher Problemlösung für verschiedene Aufgabenstellungen an.

Diese Funktionalität im Bereich instrumentalen Handelns reicht aber nach OEVERMANN gerade nicht aus, um den Wert einer bestimmten Art der Symbolverwendung zu ermessen - das wurde schon in den Ausführungen zum Identitätskonzept aufzuzeigen versucht.

Kommunikatives Handeln - Diskurs

Das oben Gesagte soll an dieser Stelle differenziert werden:
HABERMAS unterscheidet kommunikatives Handeln und Diskurs. Um zu klären, was ein Diskurs ist, ist es notwendig, eine Abgrenzung gegenüber kommunikativem Handeln vorzunehmen.

In kommunikativem Handeln werden Informationen ausgetauscht, Handlungen gesteuert und ausgeführt und Erfahrungen gemacht oder vermittelt (siehe HABERMAS 1971). Kommunikatives Handeln vollzieht sich in verbalen und extraverbalen Äußerungen. In kommunikatives Handeln der Mitglieder eines sozialen Systems gehen bestimmte Bewertungsnormen, die sich als "Meinungen" äußern, ein, andererseits liegen bestimmte Handlungsnormen, die reziproke Verhaltenserwartungen formulieren, zugrunde. HABERMAS bezeichnet diese Normen als Geltungsansprüche, sie bilden den tragenden Konsensus kommunikativen Handelns. Die Richtigkeit dieser Geltungsansprüche wird in kommunikativem Handeln naiv angenommen. Sobald nun aber die Handelnden die Richtigkeit dieser Normen bezweifeln, ist es notwendig, das Einverständnis, das vorher unbefragt bestanden hat und jetzt problematisiert ist, in einem Diskurs wiederherzustellen.

In Diskursen wird also die Richtigkeit von Geltungsansprüchen argumentativ begründet (siehe HABERMAS 1971, S. 24/25).

Voraussetzung für das Zustandekommen eines Diskurses ist allerdings, daß kommunikatives Handeln unter bestimmten "Idealbedingungen" stattfindet:

1. Zum einen müssen in kommunikativem Handeln die handelnden Personen den Normen, denen sie folgen, intentional folgen und von daher in der Lage sein, beim Eintritt in einen Diskurs anzugeben, welchen Normen sie folgen. Das impliziert, daß Äußerungen, die in kommunikatives Handeln extraverbal eingehen, erforderlichenfalls durch sprachliche Äußerungen ersetzt werden können.

2. Zum anderen, daß die handelnden Subjekte nur den Normen folgen, die ihnen gerechtfertigt erscheinen. Das impliziert, daß die handelnden Subjekte im Diskurs angeben können, warum sie diesen Normen folgen (1971a, S. 118/119).

Ein Diskurs kommt also dann zustande, wenn die handelnden Personen aus einem problematisierten Handlungszusammenhang heraustreten und die von ihnen vertretenen Geltungsansprüche argumentativ begründen.

An dieser Stelle wird dann auch schon deutlich, weshalb eine Strategie der Symbolverwendung, wie sie der elaborierte Code darstellt - also weitgehende Verbalisierung - im Zusammenhang mit dem Diskurs so große Bedeutung gewinnt. HABERMAS schreibt ausdrücklich: "In Diskursen hingegen (im Gegensatz zu kommunikativem Handeln - d. Verf.) sind nur sprachliche Äußerungen thematisch zugelassen; die Handlungen und Expressionen der Beteiligten begleiten zwar den Diskurs, aber sie sind nicht dessen Bestand" (1971a, S. 115).

Für die Unterscheidung von Diskurs und kommunikativem Handeln sind nach HABERMAS zwei Gesichtspunkte wesentlich:
Diskurse müssen ihrem eigenen Anspruch nach im Gegensatz zu kommunikativem Handeln frei von Handlungszwängen sein, weil ja gerade die Be-

dingungen des Handelns hinterfragt werden sollen. Alle Motive außer einer "Kooperativen Verständigungsbereitschaft" müssen im Diskurs außer Kraft gesetzt werden. Erst die "Virtualisierung der Handlungszwänge" im Diskurs ermöglicht die "Virtualisierung der Geltungsansprüche", die kommunikativem Handeln zugrunde liegen. Die "Virtualisierung von Geltungsansprüchen" besteht darin, "daß wir gegenüber den Gegenständen kommunikativen Handelns (Dingen und Ereignissen, Personen und Äußerungen) einen Existenzvorbehalt anmelden und Tatsachen wie Normen unter dem Gesichtspunkt möglicher Existenz auffassen. Im Diskurs (...) verwandeln sich Tatsachen in Sachverhalte, die der Fall, aber auch nicht der Fall, und Normen in Empfehlungen und Warnungen, die richtig oder angemessen, aber auch unrichtig oder unangemessen sein können" (HABERMAS 1971, S. 25).

Das Ergebnis eines Diskurses ist ein vernünftiger ("wahrer") Konsensus, ein Einverständnis zwischen den Kommunikationspartnern, das begründet ist (und sich allerdings wiederum zu einem traditionell vorgegebenen Einverständnis verfestigen kann).

In seinen Ausführungen (1971a) diskutiert HABERMAS die Kriterien, nach denen wahrer und falscher Konsensus voneinander unterschieden werden können, und führt aus, daß ein wahrer Konsensus an die Antizipation einer idealen Sprechsituation gebunden ist. Eine ideale Sprechsituation ist bei HABERMAS dadurch bestimmt, daß die Kommunikation zwischen den Partnern uneingeschränkt und herrschaftsfrei verlaufen kann. Diese Bedingungen sind dann erfüllt, wenn die Chancen für die Beteiligten, Sprechakte auszuführen und Dialogrollen wahrzunehmen, symmetrisch verteilt sind (zur Bestimmung und Klassifikation von Sprechakten siehe HABERMAS 1971a).

Ohne auf die diesbezüglichen Erörterungen HABERMAS' an dieser Stelle einzugehen, sei nur noch kurz auf die Bedeutung von Diskursen im Gesellschaftsprozeß eingegangen: Wichtig ist festzuhalten, daß der Diskurs in HABERMAS' Theorieansatz deshalb so große Bedeutung hat, weil HABERMAS ihm gesellschaftsverändernde Funktion zuerkennt. HABERMAS nimmt an, daß Diskurse ein wichtiger gesellschaftlicher Lernmechanismus sein könnten. In seinen Bemerkungen geht er ja implizit von der Annahme aus, daß alle gesellschaftlichen Geltungsansprüche, deren Berechtigung im Diskurs nicht eingelöst werden kann, fallengelassen werden, und der erzielte vernünftigere Konsensus an ihre Stelle tritt und für das Handeln der Mitglieder einer Gesellschaft bestimmend wird.

Voraussetzung dafür, daß Diskurse ihre emanzipative Wirksamkeit entfalten können, ist nach HABERMAS allerdings ihre Institutionalisierung. Er schreibt: "Erst wenn für bestimmte Bereiche Diskurse soweit institutionalisiert sind, daß unter angebbaren Bedingungen die generelle Erwartung der Aufnahme diskursiver Gespräche besteht, können sie für eine gegebene Gesellschaft ein systemrelevanter Lernmechanismus werden" (HABERMAS 1971, S. 31). Der Bereich, in dem vorwiegend Diskurse geführt werden sollen, ist der der Wissenschaft. Von hier aus vor allem hätte ein Aufklärungsprozeß auszugehen mit dem Ziel, die demokratische Willensbildung, die im bestehenden gesellschaftlichen System nur dem Anspruch nach besteht, einzulösen.

Von diesem Aufklärungsprozeß unterscheidet HABERMAS den politischen Kampf, in dem gewonnene Einsichten durchgesetzt werden. In Fragen des politischen Kampfes gewinnt der praktische Diskurs an Bedeutung. Er wird mit dem Ziel geführt im Hinblick auf Fragen des richtigen politischen Vorgehens, einen Konsensus der Betroffenen zu erreichen. Ein politischer Kampf kann nach HABERMAS nur dann legitim geführt werden, wenn er sich an den im praktischen Diskurs erzielten Konsensus aller Beteiligten bindet. Soweit also zur Bedeutung und Funktion des Diskurses im Gesellschaftsprozeß.

Für unsere Ausgangsfrage, die den Zusammenhang zwischen Diskurs und elaboriertem Sprachgebrauch betraf, ist es wichtig festzuhalten, daß der theoretische Diskurs, also der Diskurs, in dem über die Berechtigung von Geltungsansprüchen entschieden wird, eine sprachliche Transzendierung des unmittelbaren Handlungszusammenhangs verlangt. Dem Sprecher im restringierten Code ist nun nach OEVERMANN die Möglichkeit des Diskurses deshalb verschlossen, weil er aufgrund seiner Symbolverwendung "im partikularen Handlungskontext" befangen bleibt. "Es gelingt ihm nicht, ihn (den Handlungskontext - d. Verf.) zu durchschauen und kritisch rationale Distanz zu ihm zu gewinnen". OEVERMANN schreibt weiter: "So bleibt er (der Sprecher im restringierten Code - d. Verf.) - vermittelt über die verinnerlichte Strategie des Symbolgebrauchs - als Objekt passiv den Mächten unterworfen, die die Handlungskontexte, an denen er teilnimmt, steuern. Seine Form des Sprachgebrauchs geht schon immer stillschweigend von der konvergenten Interpretation des außerlinguistischen Interaktionskontextes durch alle Beteiligten aus. (...) Aber selbst wenn zu Beginn einer Interaktionssituation eine konvergente Interpretation durch die Beteiligten faktisch nicht vorliegt, wird diese Konvergenz durch die Strategie des Symbolgebrauchs, in dem Bedeutung implizit bleibt, erzwungen. - Divergenz wird nicht zugelassen, als Abweichung abgelehnt" (OEVERMANN 1970, S. 366).

Die Möglichkeit "kritischer Problematisierung" gesellschaftlich gültiger Normen bleibt also nach OEVERMANN allein denen vorbehalten, die über die "die Chance zur Rationalität eröffnende Strategie des elaborierten Sprachgebrauchs" verfügen (S. 367).

Den Kritikern, die gegen OEVERMANN einwenden, er ignoriere, daß gerade Sprecher des elaborierten Codes dank der ihnen zur Verfügung stehenden sprachlichen Mittel in besonderer Weise prädestiniert seien, gesellschaftlich geltende Herrschaftsansprüche zu verschleiern und dies auch an den Versuchen der politischen Meinungslenkung belegen, den Begriff Kapitalismus "durch schönklingende Phrasen zu ersetzen" (EHLICH u. a. 1971, S. 50 [1]), hält OEVERMANN entgegen, daß sie die von ihm angesprochene Problematik nicht erfaßt hätten (OEVERMANN erwähnt hier ausdrücklich EHLICH u. a., denen er "naiv kurzgreifende, sich aber eminent politisch-progressiv gebärdende Kritik" vorhält - OEVERMANN 1972, S. 367). Seine Ausführungen besagten ja gerade, daß die Strategie der autonomen

1) Siehe dazu auch Rolf EIGENWALD, "Überredungstechniken - zum Sprachgebrauch in politischen, journalistischen und ökonomischen Texten", in: IDE (Hrg.): Projekt Deutschunterricht 2, 1972)

Verbalisierung "eine notwendige, aber keine hinreichende Voraussetzung kritischer Problematisierungfähigkeit" sei. Zweifellos könne ein elaborierter Code sich auch in bloß "formal 'elaboriertem', sinnlosem 'Geschwätz'" äußern, die Frage aber, ob "elaborierter Unsinn" oder "kritische Problematisierung", stelle sich eben erst auf der Ebene elaborierter Sprachverwendung.

"'Unsinn durch Sprache' kann es aus dieser Perspektive in der Unterschichtsprache, sofern sie 'restringiert' ist, gar nicht geben. Dazu fehlen, wie zur sprachlich vermittelten kritischen Problematisierung des je Eingeschliffenen, die Voraussetzungen" (OEVERMANN 1972, S. 367).

Tatsächlich muß eine Kritik, die den OEVERMANNschen Ansatz und die Begründung für die Einrichtung kompensatorischer Erziehung in Frage zu stellen sucht, tiefer gehen und sich mit den ausgeführten theoretischen Implikationen der Sprachbarrierentheorie auseinandersetzen.
Das soll im nächsten Kapitel dieses zweiten Teils geschehen.

2.3 Ansätze zur Kritik der Implikationen der Code-Theorie

In diesem Teil der Arbeit soll versucht werden, zumindest ansatzweise eine Kritik an den theoretischen Implikationen der Code-Theorie zu formulieren.

Wir gehen dabei zuerst auf einen Schlüsselbegriff im Rahmen der Code-Theorie ein: den der sozialen Rolle. Im Zusammenhang damit ist es notwendig, MARX' Begriff der Entfremdung zu erläutern. Erst auf diesem Hintergrund wird auch unsere Kritik am Identitätskonzept, die sich hieran anschließt, verständlich. Am Schluß dieses Teils stehen einige, allerdings eher bruchstückhafte Überlegungen zum rationalen Diskurs als Begründung kompensatorischer Erziehung.

2.3 1 Kritik des Rollenbegriffs

Es wurde aufgezeigt, daß BERNSTEIN wie OEVERMANN in ihrer Beschreibung der Grundstruktur sozialen Handelns die Struktur eines Systems als Beziehung von Rollen verstehen. Die Sozialbeziehungen der Menschen erscheinen als Beziehungen von Rollenträgern.

Der Begriff soziale Rolle erfaßt phänomenologisch, also rein von der Beschreibung her gesehen, sehr treffend den zugrunde liegenden Sachverhalt: Das Dasein der Menschen in einer ihnen entfremdet gegenüberstehenden Gesellschaft.

2.3 11 Exkurs: Marx' Begriff der Entfremdung

Um das Problem der Entfremdung zu verstehen, ist es zuerst notwendig, den Begriff der Arbeit bei MARX zu klären.

"Arbeit" - zunächst einmal unabhängig von jeder bestimmten gesellschaftlichen Form betrachtet - ist für MARX die wichtigste Aktivität des Menschen, "Lebenstätigkeit", Prozeß der "Selbsterzeugung" des Menschen. "Der Mensch arbeitet, um seine Bedürfnisse zu befriedigen. Im Arbeitsprozeß entwickelt er Werkzeuge, die er im grundlegenden 'materiellen Produktionsprozeß' anwendet, einem Prozeß, der einem Kampf zwischen Mensch und Natur entspricht. Durch den materiellen Produktionsprozeß erreicht der Mensch nicht nur die Befriedigung seiner Bedürfnisse, sondern die Welt der Objekte, die er schafft, entwickelt neue Bedürfnisse. Der Mensch wird dadurch ein Objekt der Welt, die er selbst geschaffen hat. Er ist sowohl Schöpfer als Produkt der Schöpfung. Die Selbsterzeugung des Menschen bedeutet die Schaffung einer Welt von Objekten, die der Bedürfnisbefriedigung dienen, und die Verwandlung des Menschen durch diese Welt" (ISRAEL 1972, S. 54/55) (diese Welt der Objekte schließt bei MARX auch die gesellschaftlichen Institutionen, durch die der Produktionsprozeß reguliert und kontrolliert wird, mit ein). MARX selbst beschreibt diesen Arbeitsprozeß in seinen "einfachen und abstrakten Momenten" folgendermaßen:

Im Arbeitsprozeß tritt der Mensch "dem Naturstoff selbst als eine Naturmacht gegenüber, (...) um sich den Naturstoff in einer für sein eigenes Leben brauchbaren Form anzueignen". Indem er dadurch "auf die Natur außer ihm wirkt und sie verändert, verändert er zugleich seine eigne Natur. Er entwickelt die in ihr schlummernden Potenzen und unterwirft das Spiel ihrer Kräfte seiner eigenen Botmäßigkeit" (Kapital I, S. 192). "Der Arbeitsprozeß (...) ist zweckmäßige Tätigkeit zur Herstellung von Gebrauchswerten, Aneignung des Natürlichen für menschliche Bedürfnisse, allgemeine Bedingungen des Stoffwechsels zwischen Mensch und Natur, ewige Naturbedingung des menschlichen Lebens und daher unabhängig von jeder Form dieses Lebens, vielmehr allen seinen Gesellschaftsformen gleich gemeinsam" (Kapital I, S. 198).

Im Arbeitsprozeß verwirklicht der Mensch seine eigene Natur, seinen "Gattungscharakter". Der Gattungscharakter des Menschen liegt, wie MARX in den ökonomisch-philosophischen Manuskripten ausführt, darin, daß er seine Lebenstätigkeit frei und bewußt ausführt. Im Unterschied zum Tier ist der Mensch nicht unmittelbar eins mit seiner Lebenstätigkeit, vielmehr macht der Mensch seine Lebenstätigkeit selbst "zum Gegenstand seines Wollens und Bewußtseins" (MEW Ergänzungsband 1, S. 515 und ff.). MARX schreibt: "Eben in der Bearbeitung der gegenständlichen Welt bewährt sich der Mensch daher erst wirklich als ein Gattungswesen. Die Produktion ist sein werktätiges Gattungsleben. Durch sie erscheint die Natur als sein Werk und seine Wirklichkeit. Der Gegenstand der Arbeit ist daher die Vergegenständlichung des Gattungslebens des Menschen: indem er sich nicht nur wie im Bewußtsein intellektuell, sondern werktätig, wirklich verdoppelt und sich daher in einer von ihm geschaffnen Welt anschaut" (S. 517).

Arbeit gehört also zum Wesen des Menschen, durch Arbeit verwirklicht sich der Mensch. Arbeit vollzieht sich nun allerdings immer kooperativ, mit andern Menschen innerhalb der Gesellschaft, in jeder Gesellschaftsformation auf andere Weise. Arbeit ist immer gesellschaftliche Tätigkeit, die sich innerhalb bestimmter, historisch bedingter Formen der Arbeitsteilung und Eigentumsverhältnisse bewegt. In seiner Charakterisierung der einfachen, abstrakten Momente des Arbeitsprozesses abstrahiert MARX bewußt von der gesellschaftlichen Form der Arbeit, von dem Verhältnis, in dem der Arbeiter zu anderen Arbeitern steht (siehe oben).

Das Problem der menschlichen Selbstentfremdung ergibt sich aus einer spezifischen historischen Form der Arbeit: Arbeit unter den gesellschaftlichen Bedingungen des Privateigentums an Produktionsmitteln. In den auf Privateigentum an Produktionsmitteln beruhenden Gesellschaftsformationen ist der arbeitende Mensch von den objektiven Bedingungen der Verwirklichung seiner Arbeit - und damit seiner Selbstverwirklichung - von dem Arbeitsmittel und dem Arbeitsmaterial getrennt. Die natürliche Einheit der Arbeit mit ihren sachlichen Voraussetzungen ist aufgehoben (siehe dazu ausführlich Grundrisse, S. 375 ff.).

"Die Vereinigung der Produzenten mit den sachlichen Bedingungen der Produktion wird entweder durch außerökonomischen Zwang, wie in der Sklaverei und im Feudalismus, oder durch ökonomischen Zwang (Verkauf der Arbeitskraft an den Eigentümer der Produktionsmittel), wie im Kapitalismus, hergestellt" (Philosophisches Wörterbuch, hrg. v. KLAUS und BUHR, Ostberlin 1970, S. 101).

Wir beschränken uns in diesem Exkurs darauf, auf die Erscheinungen menschlicher Selbstentfremdung unter den Bedingungen des kapitalistischen Privateigentums an Produktionsmitteln einzugehen.

MARX betrachtet in den philosophisch-ökonomischen Manuskripten den Akt der Entfremdung der praktischen menschlichen Tätigkeit unter den Bedingungen des kapitalistischen Privateigentums unter drei Aspekten: Einmal unter dem Aspekt des Verhältnisses des Arbeiters zu seinen Produkten, zum zweiten im Hinblick auf den Produktionsprozeß und drittens unter dem Aspekt des Verhältnisses der Menschen zu ihrer Gattung. Auf diese drei Bestimmungen der entfremdeten Arbeit wollen wir näher eingehen.

Das Verhältnis des Arbeiters zu seinen Produkten

Zum besseren Verständnis kommen wir kurz auf die Bestimmungen des kapitalistischen Produktionsprozesses zurück, die schon ausführlich im ersten Teil der Arbeit (unter 1.4) behandelt wurden, und fassen dabei die im Schulungstext der MARX-Arbeitsgruppe Historiker ausgeführten Bestimmungen des kapitalistischen Produktionsprozesses zusammen (S. 66-71):

Der kapitalistische Produktionsprozeß ist dadurch bestimmt, einerseits konkreter Arbeitsprozeß zu sein, in dem die Arbeiter die Produktionsmittel zweckbestimmt anwenden und verbrauchen, andrerseits aber ist der Produktionsprozeß zugleich Verwertungsprozeß des Kapitals. Der Kapitalist, das Kapital in Person, läßt den Arbeiter nicht arbeiten, um ganz bestimmte Gebrauchswerte herzustellen, sondern damit er Wert und Mehrwert produziert. Der Arbeitsprozeß ist also nur Mittel zum Verwertungsprozeß, in welchem nicht der Arbeiter die Produktionsmittel, sondern der Kapitalist den Lohnarbeiter anwendet. Den beiden Seiten des kapitalistischen Produktionsprozesses entsprechen die beiden Seiten der Arbeit: konkrete und abstrakte Arbeit. Die abstrakte, wertbildende Arbeit führt dazu, daß dem Arbeiter die Produkte seiner eigenen Arbeit feindlich gegenübertreten, d.h. wenn der Arbeiter durch seine Arbeit Wert und Mehrwert schafft, so ist der Wert ihm selbst fremd, er gehört ihm nicht. Der geschaffene Wert berührt ihn persönlich nur, soweit er ihm als Arbeitslohn zufällt. Aber der von ihm geschaffene Mehrwert wird vom Kapitalisten benützt, um neue Produktionsmittel zu kaufen, die für den jeweiligen Arbeitsprozeß notwendig sind. Diese Produktionsmittel treten dem Arbeiter im Produktionsprozeß als Ausbeutungsmittel gegenüber. Der vom Arbeiter geschaffene Mehrwert tritt ihm also nicht nur fremd, sondern auch feindlich gegenüber. Seine eigenen Produkte, die ihm als fremde Macht, als Kapital gegenübertreten, erscheinen als die handelnden Subjekte, als die Unterdrücker und Ausbeuter (diese Versachlichung der Personen und Personifizierung der Sachen unter kapitalistischen Produktionsbedingungen bezeichnet MARX als "Fetischcharakter des Kapitals").

MARX charakterisiert das Verhältnis der Arbeiter zu ihren Produkten unter kapitalistischen Produktionsverhältnissen folgendermaßen:
"Der Arbeiter wird umso ärmer, je mehr Reichtum er produziert, je mehr seine Produktion an Macht und Umfang zunimmt. Der Arbeiter wird

eine umso wohlfeilere Ware, je mehr Waren er schafft. Mit der Verwertung der Sachenwelt nimmt die Entwertung der Menschenwelt in direktem Verhältnis zu. Die Arbeit produziert nicht nur Waren; sie produziert sich selbst und den Arbeiter als eine Ware und zwar in dem Verhältnis, in welchem sie überhaupt Waren produziert.

Dies Faktum drückt weiter nichts aus als: Der Gegenstand, den die Arbeit produziert, ihr Produkt, tritt ihr als ein fremdes Wesen, als eine von dem Produzenten unabhängige Macht gegenüber. Das Produkt der Arbeit ist die Arbeit, die sich in einem Gegenstand fixiert, sachlich gemacht hat, es ist die Vergegenständlichung der Arbeit. Die Verwirklichung der Arbeit ist ihre Vergegenständlichung. Diese Verwirklichung der Arbeit erscheint in dem nationalökonomischen Zustand als Entwirklichung des Arbeiters, die Vergegenständlichung als Verlust und Knechtschaft des Gegenstandes, die Aneignung als Entfremdung, als Entäußerung. (...) In der Bestimmung, daß der Arbeiter zum Produkt seiner Arbeit als einem fremden Gegenstand sich verhält, liegen alle diese Konsequenzen" (MEW Ergänzungsband 1, S. 511/512).

Das Verhältnis des Arbeiters zum Produktionsprozeß

MARX führt aus, daß sich die Entfremdung des Arbeiters nicht nur im Resultat - also im Verhältnis des Arbeiters zu seinen Produkten - sondern vielmehr schon im Akt der Produktion selbst zeigt. MARX begreift den Produktionsprozeß unter den Bedingungen kapitalistischen Privateigentums an Produktionsmitteln als tätige Entäußerung. Entäußerung bedeutet im MARXschen Denken, daß etwas - in diesem Fall die Arbeit - was als Teil der menschlichen Natur betrachtet wird, dem Menschen entäußert wird. Er schreibt: Die Entäußerung der Arbeit besteht darin, "daß die Arbeit dem Arbeiter äußerlich ist, d. h. nicht zu seinem Wesen gehört, daß er sich daher in seiner Arbeit nicht bejaht, sondern verneint, nicht wohl, sondern unglücklich fühlt, keine freie physische und geistige Energie entwickelt, sondern seine Physis abkasteit und seinen Geist ruiniert. Der Arbeiter fühlt sich daher erst außer der Arbeit bei sich und in der Arbeit außer sich. Zu Hause ist er, wenn er nicht arbeitet, und wenn er arbeitet, ist er nicht zu Haus. Seine Arbeit ist daher nicht freiwillig, sondern gezwungen, Zwangsarbeit. Sie ist daher nicht die Befriedigung eines Bedürfnisses, sondern sie ist nur ein Mittel, um Bedürfnisse außer ihr zu befriedigen. Ihre Fremdheit tritt damit rein hervor, daß, sobald kein physischer oder sonstiger Zwang existiert, die Arbeit als eine Pest geflohen wird" (MEW Ergänzungsband 1, S. 514).

An dieser Stelle läßt sich der Zusammenhang aufzeigen, der zwischen diesen Ausführungen und der Kritik an den Implikationen der Code-Theorie besteht: In das Konzept der Ich-Identität geht diese von MARX aufgezeigte Spaltung des Lebens der Menschen "soweit es persönlich und insofern es unter irgendeinen Zweig der Arbeit und der dazugehörigen Bedingungen subsumiert ist" (die deutsche Ideologie, S. 78) als Widerspruch zwischen personaler und sozialer Identität der Menschen schon unbefragt ein.

Wichtig ist es auch, die Kategorie der Individualität, der im Identitätskonzept so große Bedeutung zukommt, unter diesem Aspekt zu sehen: In der Frühzeit der bürgerlichen Gesellschaft wurde Individualismus noch im Sinn der Hervorhebung des Wertes und der Würde der menschlichen Individuen, als humanistische Forderung nach Befreiung der Menschen von den Fesseln des Feudalismus und nach der Entfaltung der Persönlichkeit der Menschen verstanden. Mit dem Fortschreiten der kapitalistischen Entwicklung geriet dieses Ideal immer mehr in Widerspruch zur Wirklichkeit, verkam zur Auflösung "der persönlichen Würde in den Tauschwert" (siehe dazu Philosophisches Wörterbuch, S. 513).

In KRAPPMANNs Ausführungen zur Ich-Identität reduziert sich die Individualität der Menschen auf ihre Qualität als Rollenspieler: "Die Besonderheit des Individuums, seine Individualität, bezieht das Individuum aus der Art, wie es balanciert" (KRAPPMANN 1971a, S. 79).

Das Verhältnis der Menschen zu ihrer Gattung

Die dritte Bestimmung entfremdeter Arbeit bei MARX betrifft das Verhältnis der Menschen zu ihrem Gattungsleben. Auf diesen Aspekt wollen wir noch kurz eingehen: Entfremdete Arbeit hat die Entfremdung des Menschen von ihrem Gattungsleben zur Folge: Verwirklichten sich die Menschen vorher - unter der Bedingung der natürlichen Einheit der Arbeit mit ihren sachlichen Voraussetzungen - in ihrer Arbeit, in ihrem individuellen Leben, ihrer Lebenstätigkeit, ihren Gattungscharakter, so wird ihnen unter den Bedingungen des Privateigentums an Produktionsmitteln ihr Gattungsleben nur noch Mittel zum individuellen Leben. Die Lebenstätigkeit der Menschen wird zum Mittel ihrer Existenz. Die unmittelbare Konsequenz davon, daß der Mensch dem Produkt seiner Arbeit, seiner Lebenstätigkeit, seinem Gattungswesen entfremdet ist, ist wie MARX ausführt, die "Entfremdung des Menschen von dem Menschen" (MEW Ergänzungsband 1 (ökonomisch-philosophische Manuskripte), S. 517).

"Wenn der Mensch sich selbst gegenübersteht, so steht ihm der andre Mensch gegenüber. Was von dem Verhältnis des Menschen zu seiner Arbeit, zum Produkt seiner Arbeit und zu sich selbst, das gilt von dem Verhältnis des Menschen zum andren Menschen, wie zu der Arbeit und dem Gegenstand der Arbeit des andren Menschen" (S. 518). (...) "Durch die entfremdete Arbeit erzeugt der Mensch also nicht nur sein Verhältnis zu dem Gegenstand und dem Akt der Produktion als fremden und ihm feindlichen Mächten; er erzeugt auch das Verhältnis, in welchem andre Menschen zu seiner Produktion und seinem Produkt stehen, und das Verhältnis, in welchem er zu diesen andern Menschen steht" (S. 519).

Was MARX an dieser Stelle anspricht, ist die Einheit von Produktivkräften und Produktionsverhältnissen. In ein und demselben Prozeß der materiellen Produktion produzieren und reproduzieren die Menschen die Produktivkräfte und die Produktionsverhältnisse. Diese Feststellung ist insofern wichtig, als HABERMAS an die Stelle dieser Einheit den Dualismus von Arbeit und Interaktion setzt, und die Trennung dieser beiden Bereiche als theoretische Prämisse in die Implikationen der Code-Theorie eingeht. Das hat bestimmte Konsequenzen, z. B. für die Behandlung des Problems der Machtkomponente in Interaktionssituationen. Darauf wird weiter unten bei der Kritik des Identitätskonzeptes (siehe 2. 3 3) noch eingegangen.

Wir wollen an dieser Stelle zum Ausgangspunkt dieser Ausführungen zu-

rückkehren: der Problematik des Rollenbegriffs.
Ausgangsthese war, daß der Rollenbegriff auf historisch spezifische gesellschaftliche Verhältnisse bezogen ist und sich erst unter diesen Bedingungen als soziologische Kategorie bewährt.

In dem vorangegangenen Exkurs haben wir versucht, diese spezifischen Bedingungen (allerdings auf einer sehr hohen Abstraktionsebene) näher aufzuzeigen, um so die Problematik einsichtiger zu machen, als das etwa bei Peter FURTH geschieht, der sich bei der Auseinandersetzung mit verschiedenen rollentheoretischen Ansätzen in dem Aufsatz "Nachträgliche Warnung vor dem Rollenbegriff" (Argument 66/1971) auf den Hinweis beschränkt, daß die Verwendung des Rollenbegriffs "eine historische Entwicklung" voraussetzt, "die MARX als die Trennung der Individuen von ihren Produktionsbedingungen beschrieben hat; eine Entwicklung, in der die Vermittlung der objektiven Bedingungen der Arbeit durch das Dasein der Individuen als Mitglieder eines Gemeinwesens, in den 'Unterschied zwischen persönlichem Individuum und zufälligem Individuum' (MARX - d. Verf.) (...) aufgelöst wird" (S. 497).

Sehr treffend dennoch FURTHs Einsicht, daß es zum Rollenbegriff überall dort kommt, "wo Handlungsabläufe und Situationseinschätzungen mit dem Bewußtsein verbunden sind, es könnte auch anders gehen, aber zugleich dieses Bewußtsein nicht zu einem Handeln findet, das Änderung der als Fessel empfundenen sozialen Verhältnisse herbeiführen könnte, sondern reflexiv bleibt und die Distanz zwischen Handelndem und Handlung, zwischen Person und sozialer Lage, Spontaneität und institutioneller Ordnung zum Prinzip fixiert" (S. 496).

Die Kritik am Rollenbegriff trifft seinen affirmativen Charakter. Im Rollenbegriff erscheint ein spezifisch historisches gesellschaftliches Verhältnis so, als handle es sich um ein allgemeines Verhältnis, die historische Dimension geht im Rollenbegriff verloren, von daher bleibt die Einsicht in die historische Bedingtheit und Veränderbarkeit des im Rollenbegriff gefaßten Sachverhalts verschlossen.

Darauf bezieht sich ADORNOs Kritik am Rollenbegriff. Er schreibt, "daß allein im Begriff der Rolle selbst, der ja vom Theater genommen ist, die Unidentität des Menschen mit sich selbst verlängert wird. Das heißt, wenn die Rolle zu einem sozialen Maß gemacht wird, so wird darin auch perpetuiert, daß die Menschen nicht die sind, die sie selbst sind, also daß sie unidentisch sind" (ADORNO 1971, S. 149).

ADORNOs Kritik am Rollenbegriff impliziert die Kritik an einer gesellschaftlichen Situation, die es dem Menschen unmöglich macht, ihre Identität, ihr "Gattungswesen" zu verwirklichen, an Verhältnissen, in denen die Selbstverwirklichung der Menschen zu "flexiblem Rollenspiel" verkümmert - wobei für die gegenwärtige Situation bezeichnend ist, daß die Qualität "Menschsein", die doch eigentlich das Übergreifende sein müßte, das, was sich in allen Rollen zu realisieren hätte, selbst nur noch zu einem Segment verkümmert, die in den privaten Bereich der Menschen verwiesen ist. Exemplarisch bezeugen das sprachliche Wendungen wie: "Ich als Mensch", "menschlich gesehen".

Die normative Verwendung des Rollenbegriffs in der bürgerlichen Soziologie befestigt diesen Sachverhalt.

CLAESSENS macht auf einen anderen Aspekt aufmerksam, an dem ebenfalls deutlich wird, daß der Rollenbegriff die Zwänge, denen die Menschen heute unterworfen sind, sanktioniert: die (scheinbare) Neutralität des Rollenbegriffs.
In seinem Beitrag auf dem 16. westdeutschen Soziologentag (April 1968) "Rollentheorie als bildungsbürgerliche Verschleierungsideologie" (CLAESSENS 1969) führte CLAESSENS aus, daß der Begriff der Rolle "ein Begriff der Machtverteilung und zugleich der Verdeckung dieses Sachverhalts" (FURTH 1971, S. 503) sei. Gemeint ist damit, daß Rollentheorie ohne die Machtrolle - also die Rolle, die die an sie gestellten Erwartungen selbst definieren kann, nicht denkbar ist. Die Machtfrage wird von rollentheoretischen Ansätzen nicht berührt (Ausnahmen bei den bürgerlichen Kritikern dieser Ansätze zugegeben). Die Frage, "wer bzw. welche soziale Instanz eigentlich die jeweiligen Rollen definiert und die ihnen entsprechenden Erwartungen artikuliert" (Erich HAHN 1971, S. 392) bleibt ausgeklammert

oder wird nur unbefriedigend (etwa mit DAHRENDORFs Theorie der Bezugsgruppen) geklärt.

Daran wird deutlich, daß die Neutralität der Kategorie Rolle eine scheinbare ist, daß der Rollenbegriff, der den Grundwiderspruch der kapitalistischen Gesellschaft zwischen gesellschaftlicher Arbeit und privater Aneignung unberücksichtigt läßt und von daher klassenneutral scheint, in Wirklichkeit einen bestimmten Klassencharakter hat.

Von diesen beiden Aspekten - dem ahistorischen Charakter und der scheinbaren Neutralität des Rollenbegriffs her - wird vielleicht die Problematik theoretischer Ansätze - in unserem Fall der Code-Theorie - deutlich, in denen die Struktur eines Systems als Beziehung von Rollen verstanden wird, ohne daß die damit verbundene Problematik reflektiert wird.

2.3 2 Exkurs: Der rollentheoretische Ansatz PARSONS

Trotz der eindeutig ideologischen Funktion, die dem Rollenbegriff zukommt, drückt sich in der Unterscheidung zwischen Rollenerwartungen und faktischem Verhalten, die verschiedene rollentheoretische Ansätze vornehmen (DAHRENDORF, HABERMAS) immerhin ein Bewußtsein von dem im Rollenbegriff sanktionierten Konflikt zwischen Individuum und bürgerlicher Gesellschaft aus - wobei DAHRENDORF diesen Konflikt allerdings nicht aus den sozialökonomischen Verhältnissen der kapitalistischen Gesellschaft begreift, sondern zu einem Konflikt zwischen Individuum und Gesellschaft schlechthin verabsolutiert.

In PARSONS Ansatz dagegen wird die Kategorie "Erwartung" eliminiert. PARSONS konstituiert ungeachtet des vorhandenen Widerspruchs, in dem die Klassen der bürgerlichen Gesellschaft stehen, die Einheit der Gesellschaft (mit seinen Annahmen über die Kongruenz von Rollennormen und Bedürfnisstruktur, Kongruenz der institutionalisierten Rollennorm und der individuellen Rolleninterpretation, Kongruenz zwischen den Rolleninterpretationen der Interaktionspartner - siehe 2.2 11) als ließe sich der Widerspruch definitorisch aus der Welt schaffen!

ADORNO kritisiert zurecht, daß PARSONS Ansatz die Integration ins bestehende System "stillschweigend und generell als positiv unterstellt", (...) "das Ineinanderpassen der Menschen und des Systems wird zur Norm erhoben" (ADORNO, o. O., o. J., S. 13).

Von hier aus kann sich dann eine Verhaltensforschung à la SKINNER legitimieren, deren Untersuchungsgegenstand die Möglichkeiten reibungsloser Integration der Mitglieder eines sozialen Systems in dieses System ist. SKINNER - im durchaus ernstgemeinten "Futurum II" (Untertitel: "Das klassische Buch des führenden amerikanischen Verhaltenspsychologen über die Möglichkeiten radikaler Veränderung des Menschen durch die Wissenschaft"): "Das Schlimme am Unterdrücktsein ist die permanente Wut, die man beim Gedanken an den Unterdrücker empfindet. Wenn der Mensch dahin gelangt, seine Feinde zu lieben und sich nicht um den nächsten Tag sorgt (...), bekommt (er) weder seine Freiheit noch sein Eigentum wieder, aber er ist weniger unglücklich" (zitiert nach "psychologen-info" 2/72, Sag. Psych. MA, S. 8).

Die Harmonie, die PARSONS rollentheoretisches Modell für bestehende, antagonistische bürgerliche Gesellschaften unterstellt, kann immer nur diese (bei SKINNER beschriebene) scheinbare sein, eine "Identifikation mit dem Angreifer" (ADORNO o. O., o. J., S. 29).

2. 3 3 Kritik des Identitätskonzepts

Der Vorzug des HABERMASschen Ansatzes gegenüber PARSONS besteht zunächst einmal darin, daß HABERMAS an den vorhandenen gesellschaftlichen Widersprüchen ansetzt und sich der historischen Bedingtheit der Rollen und des Rollenkonzepts durchaus bewußt ist: ... "soviel ist jedenfalls gewiß, daß die analytische Fruchtbarkeit der Rollenkategorie nicht unabhängig von dem Entwicklungsstand der Gesellschaft ist, an deren Beziehungen sie sich zunächst einmal bewährt. Wird sie aber in der Anwendung auf gesellschaftliche Verhältnisse schlechthin zu einer universalhistorischen Kategorie verallgemeinert, muß die Rollenanalyse mit ihrer eigenen geschichtlichen Bedingtheit überhaupt gesellschaftliche Entwicklung als eine geschichtliche ignorieren - so, als sei es den Individuen äußerlich, ob sie, wie der Leibeigene des hohen Mittelalters, einigen wenigen naturwüchsigen Rollen, oder aber, wie etwa der Angestellte in der industriell fortgeschrittenen Zivilisation, vervielfältigten und beschleunigt wechselnden, in gewissem Sinn abgelösten Rollen subsumiert sind" (HABERMAS, "Zwischen Philosophie und Wissenschaft: Marxismus als Kritik", in HABERMAS 1971, S. 239).

Umso unverständlicher ist es, daß HABERMAS den rollentheoretischen Ansatz dennoch beibehält, und ihn nur entsprechend der vorgefundenen gesellschaftlichen Wirklichkeit erweitert. Insofern läßt sich sagen, daß HABERMAS' Konzept eine adäquatere, funktionalere Entsprechung auf die bestehenden Verhältnisse ist als PARSONS' Ansatz, der ja - zumindest solange die völlige Integration der Menschen ins System noch mißlingt - eher dysfunktional ist, weil er keine psychischen Mechanismen einbezieht, die es den Individuen ermöglichen, auftretende Diskrepanzen auszugleichen.

HABERMAS stellt sein Identitätskonzept mit dem Anspruch vor, daß hier dem Einzelnen - vom PARSONSschen Rollenmodell vernachlässigte - "Freiheitsgrade des Handelns" gegenüber dem bestehenden System erschlossen werden (siehe HABERMAS 1968, S. 8-14). Die folgende Kritik am Identitätskonzept erfolgt auf zwei Ebenen: zum einen bezieht sie sich auf die Einlösbarkeit des mit dem Identitätskonzept verbundenen Anspruchs, zum andern betrifft sie mehr den grundsätzlichen Charakter dieser theoretischen Konzeption.

Mit der von KRAPPMANN formulierten ersten Bedingung erfolgreichen Rollenhandelns, die besagt, daß Rollennormen nicht rigide definiert sein dürfen, sondern einen "gewissen" (!) Spielraum für subjektive Interpretationen durch die Rollenpartner lassen müssen (KRAPPMANN 1971, S. 30), verbinden die Vertreter dieses Ansatzes die Vorstellung, daß eine flexible Rollendefinition es den Interaktionspartnern erlaubt, ihre Bedürfnisse in die Interaktion einzubringen und zu einem gegenseitigen Interessenausgleich zu kommen. Da aber gleichzeitig die in den Rollenerwartungen formulierten gesellschaftlichen Ansprüche bis zu einem gewissen Maß erfüllt werden müssen, soll Frustrationstoleranz den Rollenspieler, dessen Bedürfnisse in der Interaktion nicht in dem von ihm gewünschten Maß befriedigt werden, daran hindern, die Interaktion abzubrechen. An dieser Stelle zeigen sich die Konsequenzen, die sich daraus ergeben, daß HABERMAS die beiden Bereiche Arbeit und Interaktion als getrennt voraussetzt (siehe oben unter 2.3 11). Durch diese theoretische Prämisse gerät den Vertretern dieses Ansatzes völlig aus dem Blick, daß die Mitglieder eines sozialen Systems natürlich auch in Interaktionssituationen verschieden große Möglichkeiten haben, ihre Bedürfnisse durchzusetzen (wie ja auch der Widerspruch von institutionalisierter Wertvorstellung und Bedürfnisdisposition nicht in gleichem Maß für alle Mitglieder der Gesellschaft gilt, sondern entsprechend ihrer Klassenlage differiert).

Zwar geht KRAPPMANN auf das Problem der Machtkomponente in Interaktionssituationen ein, das folgende Zitat aber belegt, daß "die faktischen institutionellen Verhältnisse der Produktion und der Macht (...) für seine Theorie der reinen Interaktion unbegriffene Objektivität bleiben" (FURTH 1971, S. 514).
KRAPPMANN schreibt: ... "daß ein Individuum ohnehin keine Chance hat, seine Identität zu wahren, wenn es andere zwingt, seinen Erwartungen zu entsprechen. Zwar kann sich das Individuum, das eine Machtstellung besitzt und ausnützt, viele Vorteile und Annehmlichkeiten verschaffen. Jedoch seine Identität zu entfalten und aufrechtzuerhalten vermag es auf diesem Wege nicht, weil die Anerkennung seiner Erwartungen, die es einholt, leer ist. Sie bedeutet keine Zustimmung, sondern lediglich Unterwerfung. Auseinandersetzungen über Erwartungen bei ungleicher Chance, sich durchzusetzen, bleiben bloße Pseudodiskussionen; gemeinsamem Handeln unter diktierten Bedingungen fehlt die Reziprozität. Verläßlich kann Identität nur gewahrt werden, wenn sie durch freie Anerkennung der anderen legitimiert wurde" (KRAPPMANN 1971a, S. 29).

Dennoch mag KRAPPMANN "einseitige Interaktionen" in der Realität nicht ausschließen; er verweist deshalb diejenigen, denen es in Interaktionen nicht gelingt, ihre Situationsinterpretation geltend zu machen, auf eine subtilere Art der Bedürfnisbefriedigung. Er schreibt: "Zu den wichtigsten Voraussetzungen einer umfassenderen Bedürfnisbefriedigung gehört daher die Fähigkeit des Ich, sich aus einseitigen Interaktionen zeitweilig zurückzuziehen oder sie für sich umzudefinieren (!)" (KRAPPMANN 1971a, S. 67 - Hervorhebung durch d. Verf.). Bedürfnisbefriedigung vollzieht sich also für diejenigen, die aufgrund ihrer gesellschaftlichen Stellung keine Möglichkeiten haben, ihre Ansprüche geltend zu machen, nur noch auf geistiger Ebene durch "Uminterpretation der Situation". Der Freiraum, den das Identitätskonzept gegenüber den herrschenden Geltungsansprüchen verspricht, ist einer, der sich mit Hilfe einer elaborierten Form der Symbolverwendung nur im Kopf der Individuen realisiert.

Es bleibt die Frage, ob bzw. in welcher Weise die beiden anderen Ich-Identität konstituierenden Grundqualifikationen die versprochenen "Freiheitsgrade des Handelns" erschließen.

Eine flexible Über-Ich-Formation soll es den Individuen ermöglichen, "Handlungsautonomie" gegenüber sozialen Zwängen zu gewinnen, oder wie es HABERMAS formuliert, sich "relativ (!) autonom" zu verhalten und "gut verinnerlichte Normen reflexiv" anzuwenden. "Relative Autonomie" im Handeln kann - folgt man den Vertretern dieses Ansatzes - dadurch gewonnen werden, daß der einzelne gegenüber Rollenerwartungen, die mit dem Entwurf seiner persönlichen Identität nicht in Einklang zu bringen sind, oder die den anderen an ihn gerichteten Rollenerwartungen widersprechen, Rollendistanz übt. Das bedeutet in der Realität, daß das Individuum die an es gestellten Verhaltenserwartungen durchaus erfüllt (um nicht seine soziale Identität zu verlieren), Autonomie gegenüber diesen Zwängen (und damit auch eine angemessene Verwirklichung seiner persönlichen Identität) dadurch gewinnt, daß es sich schon während der Erfüllung dieser Verhaltenserwartungen oder eben nachträglich von dieser Rolle distanziert. Auch hier realisiert sich die Freiheit des Individuums nur in seinem eigenen Kopf!

Die Qualifikation der kontrollierten Selbstdarstellung soll es den Individuen ermöglichen, sich bei der Erfüllung der an sie gerichteten Verhaltenserwartungen gleichzeitig in ihrer "unvertretbaren Individualität" darzustellen. Wir sind oben schon auf den Bedeutungswandel eingegangen, dem die Kategorie "Individualität" mit der fortschreitenden kapitalistischen Entwicklung unterworfen war. Tatsächlich meint "Individualität" im Zusammenhang mit dem Identitätskonzept nicht mehr umfassende Selbstverwirklichung des Menschen in seinen gesellschaftlichen Beziehungen, sondern vielmehr eine Art "persönlichen Restes", den man sich gegenüber den gesellschaftlichen Anforderungen bewahrt. "Kontrollierte Selbstdarstellung" ist der Versuch, den Individuen die entfremdeten gesellschaftlichen Verhältnisse vertrauter zu machen, dadurch daß man ihnen eine Möglichkeit der Selbstdarstellung einräumt, wobei der Terminus "kontrollierte Selbstdarstellung" auch schon die Grenzen dieser Selbstverwirklichung absteckt: Das Funktionieren des gesellschaftlichen Ganzen darf nicht gefährdet werden. Und weiter muß gesehen werden, daß selbst dieser bescheidene Freiraum in der bestehenden Gesellschaft ein Privileg Weniger ist, realisierbar wohl für die Wissenschaftler HABERMAS oder KRAPPMANN, nicht aber für Arbeiter im Produktionsprozeß. Unter den Bedingungen von Akkord und Arbeitshetze bleibt selbst für "kontrollierte Selbstdarstellung" kein Raum.

Diese Ausführungen sollten aufzeigen, daß das Identitätskonzept seinem selbstgestellten Anspruch nicht gerecht werden kann. Wir wollen zum Schluß versuchen, eine mehr grundsätzliche Einschätzung dieses Theorieansatzes zu geben:
Zwar grenzt sich der HABERMAS-OEVERMANN-KRAPPMANNsche Ansatz PARSONS gegenüber positiv ab, weil bestehende gesellschaftliche Widersprüche nicht geleugnet werden, sondern vielmehr zum Ausgangspunkt weiterführender theoretischer Überlegungen gemacht werden; andererseits kommt das Identitätskonzept über die Spaltung von Individuum und Gesellschaft nicht hinaus. Zwar stellt dieses Konzept den Versuch dar, eine Kontinuität zwischen den getrennten Bereichen des öffentlichen und privaten Lebens der Menschen herzustellen, indem es die Individuen auffordert, ihre persönliche Identität in ihrem gesellschaftlichen Leben zu verwirklichen, das bedeutet aber nur, daß weiterhin dem Einzelnen die Balance ge-

sellschaftlicher Widersprüche angelastet wird. Der systemkritische Anspruch, den KRAPPMANN mit seiner Theorie verbindet, wenn er schreibt: "Schon der Versuch einer Identitätsbalance ist wegen des kritischen Potentials, das er enthält, ein Angriff auf bestehende Verhältnisse" (KRAPPMANN 1971, S. 31) scheint uns an keiner Stelle eingelöst.

Aus dieser Einschätzung des Identitätskonzepts ergeben sich bestimmte Konsequenzen für die Beurteilung kompensatorischer Programme etwa in der Art der im dritten Teil dieser Arbeit behandelten von SCHÜTTLER-JANIKULLA, die zusammen mit einer elaborierten Symbolverwendung die Grundqualifikationen flexiblen Rollenspiels vermitteln wollen.

Die Frage, die sich stellt, ist die nach möglichen Alternativen im Sprachunterricht - und hier offenbart sich das Dilemma der Autoren: Tatsächlich meinen wir, daß die eigentlichen Ursachen des ganzen Sprachproblems in den objektiven Strukturbedingungen zu suchen sind und von daher - wie schon im Vorwort gesagt - Alternativen eben nicht zu Sprachprogrammen, sondern eigentlich nur noch zu den objektiven Strukturbedingungen formuliert werden können. Andrerseits scheuen wir uns, daraus den Schluß zu ziehen, daß es überhaupt sinnlos sei, Alternativen zur gegenwärtigen Praxis des Unterrichts bzw. Sprachunterrichts zu formulieren.

Möglicherweise wäre in diesem Zusammenhang die Sprachtheorie WYGOTSKIs zu diskutieren. Ansätze, daraus Konsequenzen für eine kritische Praxis des Sprachunterrichts zu ziehen, finden sich bei J. ROSSBROICH (J. ROSSBROICH, Probleme einer kritischen Theorie und Praxis der Spracherziehung, in: Ästhetik und Kommunikation 4/1971 und 7/1972).
Was aber in die Diskussion um mögliche Alternativen immer eingehen muß, ist die Frage nach den Realisierungsmöglichkeiten dieser Alternativen unter gegebenen gesellschaftlichen Bedingungen, damit wir nicht weiterhin in pädagogischem Optimismus der Illusion erliegen, Emanzipation ließe sich - ungeachtet der übrigen gesellschaftlichen Entwicklungstendenzen - in einem Freiraum Schule verwirklichen.
Wenn z. B. OEVERMANN meint, die Schule müsse bei der Auswahl ihrer Bildungsinhalte auch den Bedürfnissen und dem Erfahrungsbereich der Kin-

der der 'Unterschicht' gerecht werden, so hängt die Realisierung dieser Forderung nicht von der Einsicht eines OEVERMANN oder dem guten Willen der Pädagogen, sondern allemal von der Stärke dieser 'Unterschicht' selbst ab!

2.3 4 Kritik des rationalen Diskurses als Begründung kompensatorischer Erziehung

Die folgenden Überlegungen sind auf den Aspekt beschränkt, unter dem der Diskurs im Rahmen dieser Arbeit seinen Stellenwert hatte: als Begründung kompensatorischer Maßnahmen.

OEVERMANN bemißt - wie schon in Teil 2.2 ausgeführt - die Benachteiligung der Unterschichtangehörigen auch daran, daß sie aufgrund der ihnen eigenen restringierten Form der Symbolverwendung zum Führen eines Diskurses nicht imstande sind. Die Frage, die sich natürlich unmittelbar ergibt, ist die, wie es in unserer Gesellschaft um die diskursive Gesprächsaufnahme der anderen Gesellschaftsmitglieder bestellt ist. HABERMAS selbst geht ja keineswegs soweit, für die Praxis der gegenwärtigen Gesellschaft diskursive Gespräche ihrer Mitglieder als realisiert zu unterstellen.
Und tatsächlich ist ja auch ein Diskurs im Sinne HABERMAS' in der Öffentlichkeit der BRD eigentlich nie geführt worden. Allenfalls die Auseinandersetzung BÖLLs mit der Gewaltfrage im Zusammenhang mit den Anschlägen der "ROTEN-ARMEE-FRAKTION" war ein Ansatz dazu. Das Echo, das dieser Versuch erzeugte, läßt einschätzen, wie eingeschränkt die Möglichkeiten zum Führen eines Diskurses sind.

Das aufklärerische Potential, das ein Diskurs in sich bergen mag, ließe er sich in der Praxis realisieren, wie HABERMAS' Theorie es intendiert, hat die Konsequenz, daß die herrschende Klasse der bürgerlichen Gesellschaft die unpassende Aufnahme diskursiver Gespräche über die Berechtigung derjenigen Geltungsansprüche, die mittelbar oder unmittelbar die politischen und ökonomischen Existenzfragen dieses Systems betreffen, nicht zulassen wird. Diskurse bleiben in den Bereich der Wissenschaft verwiesen und werden auch hier nur solange uneingeschränkt zugelassen, wie sie keine praktischen Folgen haben.

Ein Theorieansatz, der in der Begründung kompensatorischer Maßnahmen auf den Diskurs verweist, hätte zuallererst zu reflektieren, ob die Bedingungen zur Aufnahme diskursiver Gespräche in allen Bereichen gegeben sind.

Doch selbst wenn man einmal von diesem Mangel im Begründungszusammenhang kompensatorischer Erziehung absieht und sich auf den Standpunkt stellt, die Bedingungen, unter denen Diskurse geführt und wirksam werden können, seien erfüllt, stellt sich die Frage nach den Konsequenzen.

Der Schluß, den OEVERMANN zieht, nämlich einzig und allein die Einrichtung kompensatorischer Programme für Unterschichtkinder zu fordern, scheint uns nicht einmal der Weisheit vorletzter Schluß, denn die eigentlichen Ursachen des ganzen Sprachproblems, die in den Produktionsbedingungen dieser Gesellschaft mit ihrer rigiden Trennung von Hand- und Kopfarbeit zu suchen sind, bleiben unangetastet, der Dualismus von restringierter und elaborierter Symbolverwendung wird weiterhin reproduziert, während OEVERMANN hoffnungsvoll an den Symptomen kuriert.

3. Kritik der Vorschulprogramme zum Sprachtraining und zur Intelligenzförderung Klaus SCHÜTTLER-JANIKULLAs

3.0 Vorbemerkung

Bei diesem dritten, dem mehr konkret-praktischen Teil unserer Arbeit sehen wir uns mit einer Schwierigkeit konfrontiert, der wir nur hätten begegnen können, wenn es uns gelungen wäre, die gesamte Arbeit kollektiv zu gestalten.
Da wir uns aber individuell qualifizieren müssen, hat uns die sehr unterschiedliche Rezeption der Sprachbarrierentheorie, wie sie in der BRD stattgefunden hat, gezwungen, ihr dadurch Rechnung zu tragen, daß wir unsere Analyse nach zwei Seiten vorangetrieben haben:
Die Analyse der soziologischen Implikationen wurde im zweiten Teil dieser Arbeit unternommen. Diese Implikationen integrieren die Sprachbarrierenproblematik in eine der Komplexität des Phänomens angemessene Sozialisationstheorie. Allerdings beschränken sich die Aktivitäten in dieser Richtung bisher vor allem auf das Max-Planck-Institut für Bildungsforschung in Berlin und sind eingeengt auf die HABERMAS-Schüler OEVERMANN und KRAPPMANN sowie auf HABERMAS selbst.

Der weitaus größte Teil der Untersuchungen und Bemerkungen zur Sprachbarrierentheorie allerdings ist kaum über die frühen BERNSTEINschen Arbeiten hinausgekommen und reduziert das Problem auf ein linguistisches. Nach einigem Herumräsonnieren an der Darstellungsweise BERNSTEINs werden seine Thesen im großen und ganzen unüberprüft übernommen und dienen häufig nur dem Hinweis darauf, daß der Autor auch schon von diesem Problem gehört hat (diesen Eindruck hat man z.B. bei HERINGER, "Zur Analyse von Sätzen des Deutschen in der Unterstufe", LuD 1/70, S. 3, Anm. 3).

Hier wird der "restricted code" als das einzige Hindernis für sozialen Aufstieg angesehen. Die, die ihn sprechen, scheinen kaum über einige dumpfe Urlaute hinausgekommen zu sein und unfähig, sich in einer modernen Welt zurechtzufinden. Dem soll dann ein Sprachdrill abhelfen, von dem man sich zwar immer distanziert, den man aber in seinen Methoden umso deutlicher wieder einfließen läßt. Hat sich dann der Sprecher des restringierten Codes diesem Drill unterworfen, so öffnet sich ihm offensichtlich eine komplexe, anregungsreiche, schöne neue Welt mit Aufstiegschancen, von denen er in seiner früheren Dumpfheit nicht einmal träumen konnte. So leidet die Soziolinguistik in der BRD vor allem daran, daß es sie noch(?) nicht gibt. Beide Richtungen, wie sie hier z. T. polemisch skizziert wurden, gehören der - folgt man der groben Einteilung, wie sie sich u. a. auch bei Norbert DITTMAR (Kommentierte Bibliographie zur Soziolinguistik, in: LB 15 und 16/1971) findet - Defizit-Konzeption an. Eine Differenz-Konzeption, wie sie sich etwa in der amerikanischen LABOV-Schule darstellt und unserer Meinung nach der Problematik angemessener ist, findet sich bei uns noch nicht. Zeigt sich nun schon in der theoretischen Übernahme der Sprachbarrierentheorie eine erstaunliche Reduktion der Problematik (die oben genannte Berliner Gruppe und einige wenige andere Autoren, etwa Dieter WUNDERLICH und Siegfried JÄGER ausgenommen), so wird sie doch noch dort übertroffen,, wo man darangeht, diese Theorie in praktische "Arbeitsmappen zum Sprachtraining und zur Intelligenzförderung" umzusetzen und Konsequenzen aus ihr zu ziehen.

Insofern bedeutet der folgende Teil einen Schritt hinter den zweiten Teil unserer Arbeit zurück und bewegt sich auf einer anderen Ebene, weil wir uns darauf beschränken, SCHÜTTLER-JANIKULLA in seinem wissenschaftlichen Kontext darzustellen und ihn nur dadurch zu kritisieren, daß wir ihn an seinem eigenen Anspruch messen.

Denn vielleicht wäre es unfair, ihn am Standard der Berliner Schule zu messen, obwohl er sich an mehreren Stellen auf sie beruft. Möglicherweise wird dem Leser die grundsätzliche Problematik des hier vorgestellten Sprachtrainings mit seinen theoretischen Implikationen auf diese Weise nicht ausreichend deutlich. Wir schlagen deshalb vor, nach dem dritten Teil dieser Arbeit noch einmal den zweiten zu lesen.

Zum Vorgehen

SCHÜTTLER-JANIKULLAs "Arbeitsmappen zum Sprachtraining und zur Intelligenzförderung" haben wir deshalb für unsere Analyse ausgewählt, weil es von allen vorhandenen Vorschul-Sprachtrainingsprogrammen am meisten Beachtung und Verwendung gefunden hat. Nach der Aufstellung von JÄGER (1970) wird SCHÜTTLER-JANIKULLAs Programm in sechs von den sieben Bundesländern, die Angaben zu ihren laufenden Vorschulprojekten machten, verwendet. (Daneben wird hauptsächlich mit MONTESSORI-Material und den BAAR-Arbeitsblättern gearbeitet (1958). Neuere Vorschulprogramme wie KRATZMEIER "Sprach- und Denktraining" oder KAMRATOWSKI/MEISSNER "Begabungsförderung" (beide 1970) finden nach dieser Aufstellung keine Verwendung.)

Das Programm SCHÜTTLER-JANIKULLAs ist nicht nur das umfangreichste und das am häufigsten benutzte (1971 mit einer verkauften Auflage von 700 000; es erschien dann eine geringfügig veränderte zweite Auflage), sondern es findet in der öffentlichen Diskussion auch fast als einziges Beachtung (vgl. u. a. RETTER 1971, VALTIN 1972). Daher wollen wir uns hier ausführlich damit beschäftigen, denn der theoretische Teil des Programms ist unserer Ansicht nach nicht in ausreichendem Maße diskutiert worden.

Wir werden mit unserer Analyse folgendermaßen vorgehen:
Nach einer kurzen darstellenden Beschreibung des Programms werden wir zunächst versuchen, SCHÜTTLER-JANIKULLAs theoretischen Hintergrund zu erkennen, der zur Erarbeitung des Programms führte; zu diesem Zweck untersuchen wir seine Schrift "Einschulungsalter und Vorklasse" (1971). Mit hieraus gewonnenen Kriterien werden wir dann das vorgestellte Programm kritisieren, und zwar zunächst die theoretischen Bemerkungen in den Anleitungsheften zum Programm, danach dann das praktische Programm selbst; hier werden wir zunächst seine Gestaltung und seinen Aufbau untersuchen und schließlich prüfen, ob SCHÜTTLER-JANIKULLA mit dem vorgelegten Material ein Sprachtraining bietet, das den von ihm selbst aufgestellten Anspruch erfüllt.

Die daran anschließende Untersuchung seines zweiten, erst 1972 erschienenen Vorschulprogramms "Begabung - Sprache - Emanzipation" hat zwei Aufgaben zu erfüllen: Einerseits soll hier geprüft werden, ob und wie weit SCHÜTTLER-JANIKULLA die an seinem ersten Programm geübte Kritik aufgenommen und verarbeitet hat; andererseits wollen wir untersuchen, ob ein neueres Vorschulprogramm, das sich auf einen wissenschaftlich fundierteren Stand der Literatur stützen kann, bessere Ergebnisse erzielen kann als die früheren Programme. Dieses Vorschulprogramm (von dem nach unseren Informationen bis Herbst 1972 allerdings nur die erste Mappe erschienen ist) wurde bisher noch nirgends untersucht.

3.1 Der Aufbau des ersten Programms

Das Vorschul-Sprachtrainingsprogramm "Arbeitsmappen zum Sprachtraining und zur Intelligenzförderung" sieht sein Ziel darin, "den Sprachmodus positiv zu beeinflussen, vorhandene Sprachbarrieren abzubauen und Kinder zu überdurchschnittlichen Denkleistungen zu führen" (SCHÜTTLER-JANIKULLA 1968, S. 9).

Das Programm ist für vier- bis sechsjährige Vorschulkinder bestimmt. Es besteht aus drei Mappen, von denen jede etwa den Zeitraum eines Halbjahres beanspruchen soll. Die ersten beiden Mappen bestehen aus je sechs Hauptbildern, die dritte aus acht Hauptbildern, die "Grundsituationen des kindlichen Lebens und Erlebens darstellen" (S. 9). So werden in den Bildern der ersten Mappe Kinderzimmer, Küche und Wohnzimmer, Haus und Straße sowie der Wochenmarkt dargestellt. Die zweite Mappe erweitert diesen Erlebnisbereich auf Spielplatz und Zoo, die Post, die Fabrik, in der der Vater arbeitet, eine Baustelle sowie um die Darstellung einer Geburtstagsfeier. In der dritten Mappe werden "entferntere Bereiche kindlichen Erlebens" (S. 9) dargestellt: Im Wald, beim Arzt, auf dem Bauernhof, am Meer, auf dem Bahnhof, im Kaufhaus, auf dem Flugplatz und im Gebirge.

Die Personen der Handlung bleiben durch alle drei Mappen dieselben:

eine Familie, die aus Vater und Mutter, Sohn und Tochter besteht. Sie ist auf allen Hauptbildern vertreten und bildet den festen Anhaltspunkt für das Kind.

Allen diesen Hauptbildern, die jeweils eine konkrete Erlebnissituation zeigen, sind eine Reihe von Nebenblättern (bis zu 9) zugeordnet, anhand deren bestimmte Funktionen geübt und "wichtige Voraussetzungen zum späteren Erwerb von Kulturtechniken" (S. 9) erlernt werden sollen. Außerdem soll das Kind an diesen Nebenblättern "zur optischen und akustischen Differenzierung, (...) zur Schulung seiner rechnerischen Grundlagen, zu Konzentration und Aufmerksamkeit" (S. 9) geführt werden.

3.2 Die theoretischen Bemerkungen zum Programm

SCHÜTTLER-JANIKULLA hat jedem der drei Anleitungshefte zu den Sprachtrainingsmappen das inhaltlich gleiche Kapitel "Allgemeine Vorbemerkungen zur Sprachbildung und Begabungsförderung im Vorschulalter" vorangestellt.

Seinen Ausgangspunkt bilden hier B.S. BLOOMs Ausführungen über die Entwicklung der Intelligenz und die Folgerung, daß "nach acht Jahren nur noch geringe Chancen für eine Nachentwicklung" (S. 7) bestehen, da zu diesem Zeitpunkt 80 % der Intelligenzentwicklung abgeschlossen seien. Daher sei es "Aufgabe des Elternhauses und aller vorschulischen Einrichtungen, (...) die Kinder mit Hilfe erprobter Trainingsprogramme zu 'be-gaben'" (S. 7). Auf die Thesen und Untersuchungsergebnisse BLOOMs werden wir unter 3.6 11 ff. noch ausführlich zurückkommen.

Weiter gibt es in allen drei Anleitungsheften einen Abschnitt über die "Theoretischen Grundlagen" der jeweiligen Mappe. Hier zeigt SCHÜTTLER-JANIKULLA in der ersten Mappe, daß es milieubedingt eine unterschiedliche Sprachentwicklung bei Kindern gibt: Die "sprachliche Bewältigung der Umwelt ist für das Kind wesentlich von äußeren Umständen abhängig" (H. 1, S. 17). Weiterhin schreibt er: "Sprache ist für den Menschen nicht nur ein Kommunikationsmittel, sondern die wichtigste Voraussetzung für die Entfaltung seiner geistigen Fähigkeiten" (H. 1, S. 16) und leitet daraus seine Hauptthese ab: "Je umfangreicher der Wortschatz und je präziser die Begriffe, um so belebter, vielschichtiger und differenzierter sind die Denkabläufe" (S. 8). Das heißt dann für ihn, daß die Kinder durch eine Anhebung des Sprachniveaus "zu besseren intellektuellen Leistungen befähigt" (S. 8) werden: "Deshalb ist es spezielle Aufgabe dieses Trainingsprogramms, den Sprachmodus positiv zu beeinflussen, vorhandene Sprachbarrieren abzubauen und Kinder zu überdurchschnittlichen Denkleistungen zu führen" (S. 9). Wie groß und wie erfolgversprechend die Möglichkeit sei, durch Sprachtraining die Intelligenz positiv zu beeinflussen, sieht SCHÜTTLER-JANIKULLA aus einer Untersuchung von H. C. DAWE aus dem Jahre 1942, in der eine Gruppe von Kindern, deren Größe leider nicht genannt wird, nach 50 Übungsstunden gegenüber ihrer in bezug auf Alter, Geschlecht, Schichtzugehörigkeit, IQ etc. gleichen Kontrollgruppe ihren IQ von durchschnittlich 80,6 auf 94,8 verbesserte. (Auf die Möglichkeit der Verbesserung des IQ durch sprachliches Training werden wir unter 3.4 23 noch eingehen).

In der zweiten Mappe geht SCHÜTTLER-JANIKULLA auf die "fehlende Startchancengleichheit" (H. 2, S. 16) und auf die positive Korrelation zwischen sozio-ökonomischem Status und Sprachverhalten ein. Er stellt das schichtspezifisch unterschiedliche Sprachverhalten dar und verwendet dabei die von OEVERMANN (1970a) gefundenen und erläuterten Kategorien. SCHÜTTLER-JANIKULLA folgert: "Störungen der Artikulationsfähigkeit und Verminderung des Wortschatzes bedeuten aber zugleich immer eine Reduzierung der intellektuellen Fähigkeiten" (H. 2, S. 17) und schließt, daß eine "Erweiterung des Sprachschatzes zu einer Verbesserung des Intellekts führt" (H. 2, S. 18). So begründet er hier wieder die Notwendigkeit eines Sprachtrainings.

In seinen "Theoretischen Grundlagen" zur dritten Mappe schließlich kommt SCHÜTTLER-JANIKULLA ein wenig genauer noch auf die schichtspezifischen Unterschiede zu sprechen und weist auf die Benachteiligung der Unterschichtkinder in der Schule hin, "weil ihnen der für den Schulerfolg wichtige 'elaborierte Code' fehlt" (H. 3, S. 16) und damit bestimmte Lernprozesse erschwert oder gar verhindert werden.

3. 3 Exkurs: SCHÜTTLER-JANIKULLAs theoretischer Hintergrund

Wir wollen uns nun zunächst ein wenig mit SCHÜTTLER-JANIKULLAs Schrift "Einschulungsalter und Vorklasse" (1971a) beschäftigen und untersuchen, aufgrund welcher Überlegungen oder Untersuchungsergebnisse er dazu kam, ein Vorschultrainingsprogramm dieser Art zu entwerfen.

3. 3 1 Zur Reifethese KERNs

SCHÜTTLER-JANIKULLA setzt sich hier zunächst mit den Untersuchungen KERNs auseinander (A. KERN, "Sitzenbleiberelend und Schulreife", 1951). KERN schildert hier, wie er davon abkam, bei leistungsschwachen Kindern Intelligenzschwäche als Ursache anzunehmen: "Kinder, die zunächst recht Schwaches leisteten, rückten gegen Mitte oder Ende des ersten Schuljahres stark nach vorn. Eine nähere Untersuchung zeigte, daß es sich in solchen Fällen oft um Kinder handelte, die bei Schulbeginn wenig über 6 oder noch nicht 6 Jahre alt waren. So erhärtete sich immer mehr die alsdann gehegte Vermutung, daß die anfänglichen Minderleistungen nicht mit einem Begabungsmangel, sondern mit verspäteter Entwicklung zusammenhängen. So faßten wir schließlich die in den meisten Klassen sich zeigenden 3 Gruppen nicht mehr als Intelligenz-, sondern als Reifegruppen auf" (KERN 1951, zitiert nach SCHÜTTLER-JANIKULLA 1971a, S. 11). Nach KERN sind also Schulreife und späterer Schulerfolg nicht von allgemeiner Begabung, sondern vom Reifestand des Kindes abhängig, und hier speziell vom Stand der Gliederungsfähigkeit zum Zeitpunkt der Einschulung. Da diese Gliederungsfähigkeit aber nicht übbar sei, sondern sich bei jedem Kind gemäß seiner Entwicklung "früher oder später" einstelle, fordert KERN eine grundsätzliche Erhöhung des Einschulungsalters auf 6, 5 Jahre, um damit mögliche Schulschwierigkeiten zu verhindern. Gleichzeitig will er damit auch die bei mit knapp 6 Jahren eingeschulten Kindern beobachtete höhere

Sitzenbleiberquote senken, da Sitzenbleiben "primär ein Reifeproblem und erst sekundär ein soziales Problem" sei (KERN 1951, zitiert nach SCHÜTTLER-JANIKULLA 1971a, S. 12).

SCHÜTTLER-JANIKULLA hält nun diese Argumentation und diese Lösung des Problems nicht für akzeptabel. Er verweist auf Untersuchungen (z. B. von E. DARGA 1956), die aufzeigen, daß der von KERN nach seiner These entwickelte Grundleistungstest prognostisch außerordentlich unsicher sei. Andere Untersuchungen (siehe unten) ergaben, daß der von KERN beobachtete Aufstieg von zunächst leistungsschwachen Kindern in die Spitzengruppe der Klasse ganz anders interpretiert werden müsse. So fanden KEMMLER und HECKHAUSEN in einem bereits 6 Wochen nach Schulbeginn angesetzten Kontrolltest, daß 27 % der Kinder aus der leistungsschwächsten Gruppe der Klasse jetzt Spitzenleistungen zeigten (L. KEMMLER und H. HECKHAUSEN, 1962). Sie folgern, daß Veränderungen von diesem Ausmaß in so kurzer Zeit nicht durch einen umweltunabhängigen Reifeprozeß erklärt werden können. "Der rasche Zuwachs der Gliederungsfähigkeit während der ersten 6 Schulwochen muß deshalb in einem erheblichen Maß auf den Unterricht selbst zurückgeführt werden. Dies bedeutet, daß die Gliederungsfähigkeit keineswegs nur auf umweltunabhängigen Reifungsvorgängen beruht, sondern in hohem Maße (...) übbar ist" (KEMMLER/ HECKHAUSEN 1962, zitiert nach SCHÜTTLER-JANIKULLA 1971a, S. 20).

SCHÜTTLER-JANIKULLA zeigt nun, wobei er sich auf weitere Untersuchungen beruft (z. B. K. ASCHERSLEBEN 1964), daß der KERNsche Schulreifetest "nicht etwa den Stand der Reife an sich, sondern die Stärke des Begabungspotentials im Bereich der Gliederungsfähigkeit" angeben kann. "Wenn sich Schulreife weniger als eine zu einem bestimmten Zeitpunkt entelechial entfaltende Gliederungsfähigkeit, sondern als ein Faktor der Intelligenz und Begabung erweist, wäre es nicht notwendig, das Schuleintrittsalter generell zu erhöhen" (SCHÜTTLER-JANIKULLA 1971a, S. 20).

3.3 2 SCHÜTTLER-JANIKULLAs Begabungsthese

SCHÜTTLER-JANIKULLA stellt hier also der KERNschen These vom durch die Entwicklung des einzelnen Kindes vorherbestimmten Schulreifezeitpunkt eine These gegenüber, die Schulreife und Schulerfolg im wesentlichen von der allgemeinen Begabung abhängig sieht. So kommt er zu seiner Forderung nach einem individuellen, "allein durch die körperlich-seelisch-geistige Reife bestimmten" (S. 44) Einschulungszeitpunkt, der nun auch nicht mehr durch einen Schulreifetest herkömmlicher Art, sondern durch einen bestandenen allgemeinen Intelligenztest, wie etwa den HaWIK, festgelegt werden soll.

Die bisherigen Schulreifetests lehnt er aber nicht nur wegen der "Fragwürdigkeit des Reifungsbegriffs" (S. 46) ab, sondern er erkennt auch, "daß das Kriterium Schulreife durch die Anforderungen bestimmt wird, welche die Schule in ihrer jeweiligen augenblicklichen Organisation und ihrem Bildungsangebot dem Schulanfänger abverlangt" (S. 44).

3.3 21 Zur Aussagekraft des IQ

Angesichts dieser Argumentation nun erscheint der Vorschlag, mittels Intelligenztests die "körperlich-seelisch-geistige Reife" (was immer das auch sein mag) festzustellen, nicht recht verständlich. Denn eben die Argumentation, die SCHÜTTLER-JANIKULLA gegen die Schulreifetests führt, läßt sich auch gegen die gebräuchlichen Intelligenztests vorbringen. In der seit einiger Zeit diskutierten Literatur gegen IQ und Intelligenztest als Auslesekriterium spielt nun auch gerade jener Aufsatz von OEVERMANN eine Rolle, auf den SCHÜTTLER-JANIKULLA sich an anderer Stelle beruft, den er hier aber weder zitiert noch in seine Überlegungen mit einbezogen hat. OEVERMANN schreibt in diesem bereits 1966 erstmals veröffentlichten Aufsatz, "daß die im Intelligenztest zu bewältigenden Aufgaben nur einen kleinen Ausschnitt der Menge intelligenten Verhaltens repräsentieren, und zwar systematisch verzerrt zugunsten der Mittelschicht-Kultur" (OEVERMANN 1970a, S. 128). Auch der Intelligenztest setzt als Kriterium also das schon voraus, was in der Schule einmal erlernt werden soll: Mittelschicht-Standards. OEVERMANN weist auch auf die immer festzustellende Diskrepanz zwischen verbalem und nichtverbalem IQ bei Unterschichtkindern hin und kommt zu dem Schluß, daß "der Anspruch abgewiesen werden müsse, mit dem IQ werde objektiv die entweder genetisch oder durch Lernprozesse bedingte intellektuelle Befähigung gemessen", und weiter: "Die Voraussagekraft des IQ hinsichtlich des Schulerfolgs sagt nichts über seine Gültigkeit aus, sondern stempelt ihn zum Maß für den Anpassungsgrad der Schüler an die etablierte Kultur" (OEVERMANN 1970a, S. 128).

3.3 3 Änderung der Lern- und Lehrinhalte?

OEVERMANN führt seine Kritik noch weiter aus und kommt schließlich zu der Forderung, "daß eine Bildungsreform (...) nicht (...) die Anpassung von mehr Schülern an das bestehende Ausbildungssystem und sein Lernangebot, sondern eher eine Veränderung des Ausbildungssystems selbst in Richtung auf eine größere Neutralisierung gegenüber einer spezifischen, etablierten Kultur zum Ziel haben muß" (OEVERMANN 1970a, S. 129).

SCHÜTTLER-JANIKULLA hat einen ähnlichen Gedanken: "Pädagogischer wäre es, sich im Vorgehen und in der Methode noch mehr und anders als bisher auf den zu Unterrichtenden einzustellen" (SCHÜTTLER-JANIKULLA 1971a, S. 34) und: "Man wird also zu einer Neuorientierung auf dem Gebiet des Erziehungs- und Bildungswesens kommen müssen, um einer wirklichen und echten demokratischen Staatsform und Bürgermentalität gerecht zu werden" (S. 45). Während jedoch OEVERMANN den Schluß zieht: "Eine solche Veränderung dürfte aber nicht von vornherein nur unter dem Gesichtspunkt der Funktionalität der Ausbildung für gerade bestehende Aufgabenbereiche in der Gesellschaft betrieben werden" (OEVERMANN 1970a, S. 129), reduziert SCHÜTTLER-JANIKULLA seine vordergründig durchaus demokratisch erscheinende Forderung nach einer Neuordnung des Erziehungs- und Bildungswesens hier auf die rein funktionale Änderung der bisherigen Einschulungsregelung für frühreife Kinder: "Durch die Frühbeschulung dieser Kinder ergäbe sich die Möglichkeit einer optimalen Förderung von Bildungs- und Begabungspotenzen, auf die eine hochindustrialisierte, technisierte und zivilisierte Gesellschaft nicht verzichten kann, wenn sie im Wettbewerb mit anderen Gemeinschaften konkurrenz- und leistungsfähig bleiben will" (SCHÜTTLER-JANIKULLA 1971a, S. 44). Dem ist eigentlich nichts hinzuzufügen.

Von einer Änderung des Erziehungswesens oder gar einer wie auch immer gearteten Demokratisierung der Bildungsinhalte ist hier überhaupt nicht mehr die Rede. Demokratie ist für SCHÜTTLER-JANIKULLA offenbar dann erreicht, wenn jedes Kind so früh wie möglich in der Schule auf den Leistungsdruck und Konkurrenzkampf der bestehenden Gesellschaft vorbereitet werden kann.

3.4 Kritik an den theoretischen Bemerkungen der Begleithefte

3.4 1 Zur Problematik der Code-Theorie

Als Begründung für die Notwendigkeit eines Sprachförderungstrainings zeigt SCHÜTTLER-JANIKULLA an einzelnen Punkten in den "Allgemeinen Vorbemerkungen" sowie in den "Theoretischen Grundlagen" der Mappen die Unterschiedlichkeit zwischen Mittelschicht und Unterschicht auf, soweit sie sich im Sprachverhalten äußert. In dieser Darstellung beruft er sich im wesentlichen auf OEVERMANN (1970a).

Gerade diese OEVERMANNschen Untersuchungen sind nun äußerst problematisch, da sie sich zum größten Teil auf schriftliches Material, auf Schüleraufsätze, beziehen (OEVERMANN 1972, S. 103). Eine Situation, in der vom Schüler das Niederschreiben eines Aufsatzes verlangt wird, ist aber mit einer "normalen" Kommunikationssituation nicht zu vergleichen, da sie in einer besonderen Umgebung stattfindet, spezifische Leistungsanforderungen unter äußerem Zwang stellt, und die Sprachäußerungen zudem noch schriftlich geschehen muß.

Dieser extreme Unterschied zwischen schriftlicher und spontaner mündlicher Sprachäußerung erlaubt nicht mehr, solche aus Schüleraufsätzen gewonnenen Daten auf nichtschriftliche Kommunikation zu übertragen. Außerdem ist zu bedenken, daß bei schriftlichen Äußerungen alle nichtverbalen Kanäle (Gestik, Mimik, Betonung etc.) abgeschnitten werden, die in Kommunikationssituationen eine ganz entscheidende Funktion haben - und zwar nicht nur in der Unterschicht (nach EHLICH u.a., 1971, S. 47/48).

Auch an den Folgerungen aus den von OEVERMANN erhobenen Sprachdaten muß Kritik geübt werden: An der Behauptung nämlich, die Sprache der Unterschicht sei durchweg weniger komplex. Was hier unter Komplexität verstanden wird, sind rein oberflächenstrukturelle Satzbaupläne, die mitsamt ihren Kriterien (wie z.B. Subordination gegenüber der als "nicht komplex" geltenden Koordination) bei einer tiefenstrukturellen Betrachtung nicht mehr haltbar sind. Beispielsweise dürften zwei Sätze wie:

(1) Emil spannt den Regenschirm auf, weil es regnet.
(Subordination)

(2) Emil spannt den Regenschirm auf. Es regnet ja.
(Koordination)

die gleiche kausale Abhängigkeit ausdrücken; die Partikel "ja" in Satz (2) wäre demnach nicht, wie OEVERMANN (1972, S. 210 f.) meint, zu den "redundanten, mehr bedeutungsstützenden als bedeutungsspezifizierenden" lexikalischen Erweiterungen zu rechnen; sie hätte dieselbe grammatische Funktion wie die Konjunktion "weil" in Satz (1).

OEVERMANN sieht diese Schwierigkeit bei seinen Kategorien wohl auch: "Wünschenswert wäre schließlich eine Analyse von Sprachproben nach dem Modell der Transformationsgrammatik" (TFG) (OEVERMANN 1970, S. 344).

Gisela SCHULZ (1971) konnte aber mit Untersuchungen und Vergleichen der Tiefenstruktur von Sätzen nach der Methode der TFG zeigen, daß das Kriterium der syntaktischen Komplexität, "das sich auf das formale Element der Nebensatzstellung des Verbs stützt (...), nicht undifferenziert als Kriterium komplexerer inhaltlicher Strukturierung übernommen werden darf, da es (...) komplexe logisch-semantische Strukturierungen in koordinierten Sätzen überhaupt nicht erfaßt" (SCHULZ 1971, S. 30 f.). "Das

Merkmal 'syntaktische Komplexität' hat sich formal und inhaltlich als ein äußerst problematisches Kriterium erwiesen, für das keinesfalls der Anspruch aufrechterhalten werden darf, es sei ein Indiz für höheres kognitives Niveau oder es begünstige eine 'differenzierte Erfassung struktureller Zusammenhänge', wie OEVERMANN vermutet. (...) Es dürfte sich, wenn die den Konjunktionen eigenen unterschiedlichen Konnotationen in Betracht gezogen werden, eine andere Vermutung OEVERMANNs bestätigt haben: 'daß es sich bei den festgestellten schichtenspezifischen Differenzen um stilistische Unterschiede handelt, die für die Struktur des kognitiven Apparates und der kognitiven Stile nicht so relevant sind, wie im Anschluß an BERNSTEIN implizit immer angenommen wird'" (SCHULZ 1971, S. 35).

3.4 2 Zwei Auffassungen von kompensatorischer Erziehung

Wir wollen nun untersuchen, wie SCHÜTTLER-JANIKULLA, abgesehen von der negativen Beurteilung ihres Sprachverhaltens, die Unterschicht überhaupt einschätzt und welche Auffassung von kompensatorischer Erziehung er vertritt.

3.4 21 Zum Defizitmodell

Nach HÄNSEL/ORTMANN (1971) gibt es zwei Auffassungen von kompensatorischer Erziehung: "Die eine basiert auf der Vorstellung, daß die Subkultur der Arbeiterschicht vor allem durch Defizite im kognitiven und emotionalen Bereich bestimmt werde (...). Vorschulische kompensatorische Erziehung muß nach dieser Auffassung durch ein frühzeitiges und direktes Training auf den Ausgleich der festgestellten Defizite hinwirken. Ihr Ziel ist die Behebung von Mängeln, die die Arbeiterkinder an einem schulischen Erfolg hindern. Das geschieht durch eine Anpassung dieser Kinder an ein Schulsystem, das durch die 'wünschenswerten' Leistungsnormen der Mittelschicht bestimmt wird" (HÄNSEL/ORTMANN 1971, S. 433).

3.4 22 Zum Differenzmodell

Die zweite Auffassung, die sich von der ersten "kritisch" absetzt, stellt heraus, "daß die sich aus der Perspektive der Mittelschicht ergebenden Unterschiede nicht notwendigerweise auch Defekte sind" (S. 433). Sie sieht die vor allem sprachlichen Verhaltensweisen der Unterschicht in "funktionalem Zusammenhang mit den objektiven Lebensbedingungen" (S. 433). Das bedeutet aber, daß diese Verhaltensweisen für eben diese soziale Umwelt spezifisch und für die Lösung der sie betreffenden Probleme funktional sind. Von hier aus kann also kompensatorische Erziehung nicht mehr als Ausgleich von Mängeln betrieben werden. Hier geht es mehr um eine kulturelle Interaktion zwischen unterschiedlichen, aber gleichzusetzenden Subkulturen.

3.4 23 SCHÜTTLER-JANIKULLAs Verhältnis zum Differenzmodell

Bei oberflächlicher Betrachtung scheint SCHÜTTLER-JANIKULLA durchaus dieser zweiten Auffassung zuzuneigen. So spricht er an keiner Stelle von "Deprivation" oder von Defiziten im emotionalen Bereich. Auch spricht er nicht ausdrücklich von kognitiven Mängeln, sondern stets nur von notwendiger Verbesserung der intellektuellen Fähigkeiten durch Sprachtraining.

Gerade dieser immer wieder beschworene Zusammenhang von Sprache und Kognition aber, also auch seine an anderer Stelle (3.2) bereits zitierte Hauptthese ("Je umfangreicher der Wortschatz ..."), erscheint sehr bedenklich. SCHÜTTLER-JANIKULLA gibt keine Quelle an, auf die er sich mit dieser These stützt; wir haben an anderer Stelle bereits darauf hingewiesen, daß es sich hierbei um ein noch weitgehend ungeklärtes Axiom handelt, das zwar stets vorausgesetzt wird, aber bisher noch nicht kausalanalytisch nachgewiesen ist. Jedoch müßte als direkte Folgerung aus SCHÜTTLER-JANIKULLAs These angenommen werden, daß ein Unterschichtkind mit entsprechend "undifferenzierten" Sprachmustern und einem kleinen Wortschatz nie auch nur annähernd so intelligent sein könnte wie ein Mittelschichtkind, und gerade das wird ja in zahlreichen Untersuchungen zum IQ (pikanterweise schon bei BERNSTEIN selbst - BERNSTEIN 1972, S. 163, Tabelle 1) widerlegt, so auch in dem bereits erwähnten Aufsatz von OEVERMANN (1970a).

Hier ist in den meisten Fällen bei noch so großer Differenz im verbalen Teil (denn diese Items repräsentieren fast ausschließlich Mittelschicht-Standards) der nichtverbale IQ der Mittelschicht- und Unterschichtkinder annähernd gleich; das bedeutet, daß diese Unterschichtkinder auch ohne die Fähigkeit, komplexe syntaktische Gefüge (nach der Definition der traditionellen Grammatik, z. B. der von HINZE, die OEVERMANN seinen Untersuchungen zugrunde legte) zu entwerfen, durchaus in der Lage sind, differenziert zu denken.

Diesen Unterschied zwischen verbalem und nichtverbalem IQ der Unterschichtkinder sieht oder erwähnt SCHÜTTLER-JANIKULLA jedenfalls nicht. Für ihn gilt die Gesamtpunktzahl des IQ-Tests, die bei den Unterschichtkindern durchschnittlich 15 Punkte niedriger ist als bei Mittelschichtkindern. Daß sich dieser IQ-Wert durch Sprachtraining verbessern läßt, indem den Unterschichtkindern eben die Möglichkeit gegeben wird, die mittelschichtsprachlichen Testaufgaben besser zu verstehen und zu lösen, ist einleuchtend (vgl. 3. 2 1); wenn sich hier bei Kindern nach wochenlangem Training ein Vorsprung gegenüber der Kontrollgruppe feststellen läßt, ist das aber nicht viel mehr als eine Selbstverständlichkeit. Von einem echten "Trainingserfolg" könnte man erst sprechen, wenn dieser Vorsprung bei Kontrolluntersuchungen etwa nach einem Jahr oder später noch erhalten wäre.

Im übrigen darf man auch hier nicht übersehen, daß ein solcher meßbarer "Anstieg der Intelligenz" nichts anderes ist als der durch eine Trainingsperiode bedingte Anstieg der Fähigkeit, bestimmte - in diesem Fall sprachliche - Testaufgaben zu lösen, d. h. es wird genau das trainiert, was dann auch gemessen werden soll. Mit einem tatsächlichen Anstieg der Gesamtintelligenz haben wir es hier nicht zu tun.

Auch mit seiner Forderung nach Einbeziehung der kindlichen Erlebniswelt und des Spiels scheint SCHÜTTLER-JANIKULLA der zweiten der von HÄNSEL/ORTMANN dargestellten Auffassungen zu entsprechen. An einigen

Punkten in den Anweisungen zum Gebrauch der Mappen gibt er ausdrücklich bestimmte Rollenspiele an mit dem Hinweis auf die hierdurch erfolgende Übung "sozialer Fähigkeiten". Als Ziel der Sprachförderung sieht er in diesem Zusammenhang an, daß "Kinder mehrere unterschiedliche Sprachcodes kennen und beherrschen lernen, um sich in allen sozialen Situationen adäquat verhalten zu können und nicht die Beziehung zu ihrem Herkunftsmilieu verlieren" (SCHÜTTLER-JANIKULLA 1971, zitiert nach RETTER 1971, S. 528).

Auf diese Auffassung der unterschiedlichen Sprachcodes als beliebig austauschbare und abrufbare Zeichensysteme und die damit verbundene Problematik werden wir unter 3.4 3 noch zurückkommen.

3.4 24 SCHÜTTLER-JANIKULLA als Vertreter des Defizitmodells

Der oberflächliche Eindruck, daß SCHÜTTLER-JANIKULLAs Denken der kritischen Auffassung von kompensatorischer Erziehung entspricht, läßt sich allerdings bei genauerer Betrachtung nicht halten. Es finden sich zahlreiche Punkte, die zeigen, daß er sich gar nicht um eine kritisch reflektierte Auffassung bemüht, sondern tatsächlich der Deprivationsauffassung anhängt.

Die gesellschaftlichen Ursachen der Unterprivilegierung läßt SCHÜTTLER-JANIKULLA völlig außer acht. An einem Punkt schreibt er zwar, daß manche Schulanfänger "durch Umweltverhältnisse benachteiligt" seien (SCHÜTTLER-JANIKULLA 1968, H. 3, S. 19); um aber nicht zu einer Stellungnahme und einer Analyse gesellschaftlicher Ungleichheit und ihrer Ursachen gezwungen zu sein, vermeidet er sehr häufig die Begriffe Mittelschicht und Unterschicht und setzt an ihre Stelle rein äußerlich beschreibende Bilder; so apostrophiert er die Unterschicht beispielsweise mit "anregungsärmere Umwelt" (H. 1, S. 8). Darüber hinaus sieht er dieselbe Benachteiligung auch bei Mittelschichtkindern: "Es ist ein folgenschwerer Irrtum, wenn man von der Annahme ausgeht, daß soziokulturell benachteiligte Kinder nahezu ausschließlich aus den Slumvierteln der Industriestädte kommen. Tausende von ihnen leben hinter weißen Gardinen" (KLEINSCHMIDT, "Wie glücklich ein Volk ist, zeigt sich an seinem Engagement für die Kinder", zitiert nach SCHÜTTLER-JANIKULLA 1971b, S. 160). Daraus wird deutlich, daß SCHÜTTLER-JANIKULLA die ökonomischen Ursachen der Benachteiligung der Unterschicht gar nicht sieht. Bei ihm lassen sich die "Umweltverhältnisse", unter denen die Kinder zu leiden haben, auf persönliche Fehler ihrer Eltern und deren Versagen zurückführen, und sie scheinen mit gutem Willen, beispielsweise mittels eines Sprachtrainingsprogramms, aufhebbar zu sein.

Aus diesem Nichterkennen der gesellschaftlichen Ursachen der Unterprivilegierung der Unterschicht ist nun die Forderung nach allgemeiner Herstellung einer "besonders günstigen Startchancengleichheit für den durch Umweltverhältnisse benachteiligten Schulanfänger" möglich (SCHÜTTLER-JANIKULLA 1968, H. 3, S. 19).

Die hier zugrunde liegende Definition von Gleichheit aber beruht nicht auf dem klassisch-demokratischen Gedanken des "Rechts auf Selbstverwirklichung für alle". Mit Gleichheit ist hier nichts anderes gemeint als eine Wettbewerbsgleichheit. Gleich ist lediglich "die Chance der Teilnahme am Wettbewerb um die besten Positionen einer Gesellschaft" (HÄNSEL/ORTMANN 1971, S. 431). Die Forderung der Chancengleichheit soll also nicht die DAHRENDORFsche Forderung nach "Bildung als Bürgerrecht" verwirklichen, sie soll auch nicht eine Gleichheit des Vermögens oder des Ansehens bewirken, sondern sie beruht ausschließlich auf den Erfordernissen des bestehenden Systems. (Wir haben im ersten Teil dieser Arbeit auf den Stellenwert der kompensatorischen Erziehung im Hinblick auf den Strukturwandel des Qualifikationsbegriffs hingewiesen).

Solange aber die gesellschaftlichen Ursachen und Zusammenhänge aus der Forderung nach und der Diskussion um Chancengleichheit so völlig ausgeklammert bleiben, kann es sich hier immer nur um eine "Wettbewerbsgleichheit unter Ungleichen" (HÄNSEL/ORTMANN, S. 432) handeln. SCHÜTTLER-JANIKULLA selbst sagt das im grunde ganz deutlich, indem er ausdrücklich nur eine "Chancengleichheit sprachlicher Art" erreichen will (SCHÜTTLER-JANIKULLA 1971a, S. 73). Damit wird das Problem gesellschaftlicher Ungleichheit zu einem bloßen Bildungsproblem verkürzt. Da aber auf diese Weise "die Einsicht in die zugrundeliegenden sozialen Zusammenhänge verhindert" wird (HÄNSEL/ORTMANN S. 432), wird so nur eine Stabilisierung der bestehenden Ungleichheit erreicht und eine Integration der Unterprivilegierten bei weiter bestehender Unterprivilegierung.

Wenn aber die gesellschaftliche Ungleichheit ökonomische Ursachen hat und kompensatorische Erziehung sich bestenfalls auf die Veränderung sozialer Rollenmuster, nicht aber auf die Veränderung deren Strukturbedingungen richtet, so wird deutlich, daß kompensatorische Bemühungen "die Ursachen der Ungleichheit nicht an ihrem Entstehungsort angreifen können, sondern an Symptomen kurieren. Vorschulische kompensatorische Erziehung kann dann aber kaum mehr als ein Mittel betrachtet werden, gesellschaftliche Herrschaftsverhältnisse und daraus resultierende Ungleichheit abzubauen" (HÄNSEL/ORTMANN S. 440).

3.4 3 Mittelschichtnormen als Ausgangsbasis

Für SCHÜTTLER-JANIKULLA, der die Entstehungsursachen gesellschaftlicher Ungleichheit und die Interessen der Unterschicht in keiner Weise berücksichtigt, ist es nur konsequent, die geforderte Startchancengleichheit ausschließlich auf dem Niveau der Interessen und Leistungsnormen der Mittelschicht verwirklichen zu wollen. Zwar gebraucht er nicht die Vokabel "Anpassung", aber er fordert "das Anheben auf eine gemeinsame Lernbasis" (SCHÜTTLER-JANIKULLA 1968, H. 3, S. 19), und da sich für ihn diese gemeinsame Lernbasis mit der Ausgangsbasis der Mittelschicht deckt, ist hier ganz eindeutig die Anpassungsforderung der ersten beschriebenen Auffassung von kompensatorischer Erziehung, des Defizitmodells, vertreten. Der durch Umweltverhältnisse benachteiligte Schulanfänger muß also den "für den Schulerfolg wichtigen 'elaborierten Code'" erlernen, da ihm "die spezifische Semantik und syntaktische Struktur der Mittelschichtsprache nicht geläufig genug (ist - d. Verf.), und eben in dieser Sprache vermittelt ja die Schule den Lernstoff" (SCHÜTTLER-JANIKULLA

1968, H. 3, S. 16). Das Wertsystem der Mittelschicht wird hier nicht nur nicht in Frage gestellt, sondern es wird ausdrücklich akzeptiert und für alle als verbindlich erklärt.

SCHÜTTLER-JANIKULLA erliegt dem mittelschichtspezifischen Vorurteil, das die Beherrschung des elaborierten Codes und der eigenen Mittelschichtsymbolik als einzig mögliche Form intelligenten Verhaltens erscheinen läßt. In all seinen Überlegungen sieht er nicht, daß der sogenannte restringierte Code und die daraus resultierenden Verhaltensweisen unter den schichtspezifischen Umweltbedingungen entstehen und funktional für die Lösung der in diesem Milieu auftretenden Probleme sind. Der restringierte Code wird nicht nur nicht als gleichwertig oder auch nur akzeptabel angesehen, sondern er wird - auch von manchen anderen Autoren, die erheblich differenzierter erscheinen als SCHÜTTLER-JANIKULLA - als minderwertig betrachtet. In möglicherweise durchaus wohlmeinenden Darstellungen erscheint "die Sprache der Arbeiterschicht von knorriger Originalität und Gemüthaftigkeit" (HÄNSEL/ORTMANN, S. 437), wenn etwa BERNSTEIN ein romantisches Idyll darstellt, indem er hier "einen metaphorischen Bereich von beachtlicher Kraft, Einfachheit und Unmittelbarkeit, Vitalität und Rhythmus" sieht (BERNSTEIN 1972, S. 255). Die Sprache der Unterschicht wird hier nicht in ihrer Funktionalität gesehen, sondern ihr werden von einer scheinbar überlegenen Position aus lediglich herablassend "gute Eigenschaften" zugestanden, und damit wird sie abqualifiziert.

Doch während hier der restringierte Code noch "seine eigene Ästhetik besitzt" (BERNSTEIN 1972, S. 255), ist er bei SCHÜTTLER-JANIKULLA nur noch minderwertig: "Bessere Intelligenz drückt sich eben mit in der Plastizität sprachlicher Vollzüge aus" (SCHÜTTLER-JANIKULLA 1968, H. 2, S. 18).

Mit der stilistisch zwar wunderschönen Wendung von der "Plastizität sprachlicher Vollzüge" ist allerdings linguistisch noch überhaupt nichts ausgesagt (so kann man sich kaum etwas "Plastischeres" vorstellen, wenn man die Antwort eines HOESCH-Arbeiters während der Septemberstreiks 1969 auf den Hinweis eines Vertreters der Geschäftsleitung: "Wir sitzen doch alle im gleichen Boot" hört: "Aber wir kriegen die nassen Füße" - zweifellos ein sehr restringierter Sprachgebrauch). Sie dient aber dennoch der Begründung für SCHÜTTLER-JANIKULLAs Forderung, daß das Unterschichtkind den "guten" elaborierten Code erlernen müsse. Dabei wird völlig außer acht gelassen, daß das Kind dabei gleichzeitig lernen muß, daß die Sprache seiner Eltern und seiner ganzen Umgebung als schlecht abzulehnen sei; und sobald es beginnt, anders zu sprechen als seine Umgebung, bedeutet dies den Bruch mit seinem Milieu, den SCHÜTTLER-JANIKULLA angeblich verhindern will.

Um mit dieser Situation fertig werden zu können, bietet OEVERMANN als zu erstrebendes Sozialisationsziel die Ich-Autonomie des Einzelnen an. SCHÜTTLER-JANIKULLA fordert ebenfalls, in der Vorklassenerziehung bereits eine Individualisierung anzubahnen (SCHÜTTLER-JANIKULLA 1971a, S. 85) und in der Grundschule weiter auszubauen. Dadurch würde aber gerade der Angehörige der Unterschicht isoliert und damit aus seiner Schutzgruppe herausgelöst werden.

Diese Isolierung soll verhindert werden, indem das Kind "mehrere unterschiedliche Sprachcodes" erlernt, mit denen es sich jeweils situationsgerecht verhalten kann, also auch gegenüber seinem Herkunftsmilieu. Diese Auffassung aber, daß solche Sprachcodes als Zeichensysteme beliebig austauschbar seien, erscheint uns bedenklich. Die Sprache ist hier nämlich nicht mehr Kommunikationsmittel und ein Instrument zur Darstellung von Erlebnissen und Gefühlen, sondern ein Unterrichtsgegenstand wie andere auch, der mittels der im Programm dargestellten Handlungen und Erlebnisse gelernt und differenziert werden soll. Nach BITTNER (1969, S. 35ff.) ist eine Trennung von Sprache und Affektwelt des Kindes aber äußerst bedenklich, und hier erfolgt ja gerade eine Umkehrung des ursprünglichen Verhältnisses von Sprache und Affekt. Eine Einheit von Sprache und Affekt aber kann in Sprachtrainingsprogrammen, wie sie heute gebräuchlich sind, grundsätzlich nicht eingehalten werden, da diese Programme zu spät ansetzen und, was weit wichtiger ist, nicht von den Interessen und dem sozialen Kontext der Kinder, für die sie gemacht sind, ausgehen (vgl. hierzu RETTER 1971, S. 530).

Allerdings wird gerade das bei SCHÜTTLER-JANIKULLA nie so recht deutlich: Wie sehr ist bei ihm die vorschulische Sprachförderung auf Unterschichtkinder bezogen? In seinem zweiten Vorschulprogramm, das wir anschließend untersuchen, kommt er auf diese Frage noch zu sprechen. Wie wir aber schon am vorliegenden Programm sehen werden, stellt zumindest die bildliche Ausstattung der Mappen fast ausschließlich Mittelschicht-Standards dar.

3.5 Kritik am Programm selbst

Wir wollen nun untersuchen, inwieweit die Mappen des Sprachtrainingsprogramms dem Anspruch gerecht werden, den SCHÜTTLER-JANIKULLA sich stellt. Dabei wollen wir zunächst Aufbau und Gestaltung des Programms untersuchen und im Anschluß daran überprüfen, ob Aufgaben und Anweisungen zum Sprachtraining geeignet sind, das gesteckte Ziel zu erreichen.

3.5 1 Aufbau und Gestaltung des Programms

3.5 11 Bildgestaltung

Der formale Aufbau des Programms wurde unter 3.1 bereits ausführlich beschrieben; wir können hier darauf verweisen.

Die Bildgestaltung der Mappen ist durch eine starke Vereinfachung charakterisiert. "Überschneidungen wurden weitgehend vermieden; Handlungen sind als Bewegungen eingefangen. Die Gegenstände verzichten auf Körperhaftigkeit, ebenso auf Licht und Schatten" (SCHÜTTLER-JANIKULLA 1968, S. 10). In SCHÜTTLER-JANIKULLAs eigener Beschreibung wird diese verfälschende Darstellungsweise als "besondere Note" (S. 10) bezeichnet, die sich positiv von üblichen ästhetisierenden Kinderbuchillustrationen abhebe. "Das Kind findet sich in seiner Darstellungsweise und Auffassung angesprochen" (S. 10). Diese Bilder sollen nun in der Lage sein, die Phantasietätigkeit der Kinder anzuregen und logisches und konstruktives Denken zu fördern.

Abgesehen davon, daß diese Behauptung gar nicht überprüft ist, erscheint es sehr fraglich, ob diese Darstellungsweise "auf das Kind selbst eingeht" (S. 10) und es anregt. Aber nicht nur die vereinfachende Darstellungsweise scheint uns SCHÜTTLER-JANIKULLAs Behauptung, es werde von einer "dem kindlichen Erleben adäquaten Form" (S. 9) ausgegangen, zu widersprechen, sondern ganz besonders auch die Eintönigkeit eben dieses dargestellten Erlebnisbereiches. Wie weit diese Bilder das kreative Denken anregen, "wäre eine Untersuchung mit 'Außergewöhnlichkeit' ausstrahlenden Alternativ-Bildern wert" (RETTER 1971, S. 529). Zudem ist es gerade auch die Sterilität und die hier durchgehend dargestellte falsche "heile Welt", die einen Erfolg des Programms von Anfang an in Frage stellen dürfte.

In der 1971 erschienenen zweiten Auflage dieses Programms hat SCHÜTTLER-JANIKULLA einige Änderungen vorgenommen, um - wie er selbst sagt - dieser Kritik zu begegnen. Hier sind in dem vorher aufgeräumten Kinderzimmer Spielsachen auf dem Boden verstreut, aus der strickenden ist eine fernsehende Mutter geworden, in der Küche sieht man schmutziges Geschirr, diskret im Spülbecken versteckt, und dem Jungen, der beim Tischdecken hilft, ist ein Brötchen heruntergefallen. Ob solche "Konflikte" freilich der Lebenswirklichkeit der Kinder näher kommen als die bisherige Sterilität in SCHÜTTLER-JANIKULLAs Bildern, sei dahingestellt.

3.5 12 Die Möglichkeit zur Identifikation

SCHÜTTLER-JANIKULLA hat als Handlungsträger seines Programms eine Familie gewählt, die aus Vater und Mutter, Sohn und Tochter besteht, weil dadurch "jedem Kind in besonderem Maße die Möglichkeit gegeben (sei - d. Verf.), sich mit dem dargestellten Geschehen zu identifizieren" (SCHÜTTLER-JANIKULLA 1968, S. 9). Aber diese Zwei-Kinder-Familie ist nun bereits ein mittelschichtspezifisches Bild, das es Unterschichtkindern weitgehend erschweren dürfte, sich damit spontan zu identifizieren.

Diese Schwierigkeit tritt besonders verstärkt in Erscheinung, wenn wir das in den Hauptbildern dargestellte Milieu betrachten. Hier werden typische Mittelschicht-Standards gezeigt wie das große Kinderzimmer mit ausgelegtem Teppichboden, das Wohnzimmer mit Bücher-Schrankwand und strickender Mutter auf der Polstergarnitur, um nur zwei Beispiele zu nennen. Dieses gutbürgerliche Familienidyll verhindert nahezu absolut jede Identifizierung eines Unterschichtkindes mit den vorliegenden Bildern. Aber letztlich wird auch den Mittelschichtkindern eine Identifizierung im positiven Sinne durch diese Bilder erschwert, da durch die ihnen so geläufigen Situationen sehr leicht "Identifizierung zur Stereotypisierung der den Situationen entsprechenden Erlebnisstrukturen wird" (RETTER 1971, S. 529). Möglicherweise gelingt es SCHÜTTLER-JANIKULLA hier nicht nur nicht, die Unterschichtkinder anzusprechen, sondern er verfehlt auch für die Mittelschichtkinder die Verwirklichung seines Anspruchs.

Natürlich sind nicht sämtliche Bilder der Mappen typisch für das bürgerliche Mittelschichtmilieu. Aber aufgrund der Identität der Handlungsträger wird dies Milieu auch auf sämtliche anderen "neutralen" Themenbereiche übertragen; so wird also auch hier eine Identifizierung verhindert.

Ein herausragendes Beispiel hierfür ist das Blatt 10. Hier wird eine Fabrik gezeigt mit dem Fabriktor im Vordergrund, an dem die Kinder den mit anderen Arbeitern gerade herauskommenden Vater abholen. Betrachtet man das Bild ein wenig genauer, so fällt auf, daß die vier Arbeiter, die mit dem Vater gemeinsam durch das Tor gehen, Jacken anhaben, offene Hemdkragen und Schiebermützen auf dem Kopf, während der Vater von Thomas und Sabine ein zugeknöpftes Hemd trägt, einen Hut und einen Mantel sowie eine Brille (Zeichen von Intelligenz?).

3.5 13 Exkurs: SCHÜTTLER-JANIKULLAs Untersuchung zu einigen Kritikpunkten

Gerade an diesem Bild entzündete sich SCHÜTTLER-JANIKULLAs Kontroverse mit Wolfgang SCHULZ. Dieser erhebt wie wir den Vorwurf, daß die Bilder der Arbeitsmappen nicht die Lebenssituation der Arbeiterkinder treffen und daher zur Identifizierung nicht geeignet sind: "Das Programm hat den erklärten Zweck, schichtenspezifische Sprachbehinderungen auszugleichen, aber es konfrontiert die Kinder mit einem ausgesprochen mittelständischen Milieu, was die Identifizierung erschwert: ein saalartiges Kinderzimmer mit großzügiger Spielzeugausstattung, (...) der Vater, der als Angestellter mit Schlips und Kragen zwischen den Arbeitern aus dem Fabriktor kommt, die Kinder unter Aufsicht beider Eltern auf dem Spielplatz" (SCHULZ 1971, zitiert nach SCHÜTTLER-JANIKULLA 1971b, S. 158). SCHÜTTLER-JANIKULLA versuchte diesem Vorwurf zu begegnen, indem er in Grundschulen in Berlin-Kreuzberg, einem überwiegend von Arbeitern bewohnten Bezirk, eine Spontanbefragung unter 50 nicht besonders ausgewählten Lehrern durchführen ließ. Gefragt wurde unter anderem, ob das Kinderzimmer saalartig sei oder ob sich über seine Größe nichts aussagen lasse, ob die Spielzeugausstattung großzügig oder eher angemessen sei, ob ein "Mann mit Schlips und Kragen" ausgemacht werden könne oder nicht, und ob aus einem solchen Kleidungsunterschied geschlossen werden könne, wer Angestellter und wer Arbeiter sei.

Wie zu erwarten war, fanden die befragten Lehrer die Spielzeugausstattung im Kinderzimmer angemessen, sahen auf dem Bild keinen Schlips und konnten oder wollten in der Kleidung von Arbeitern und Angestellten keinen Unterschied machen. Aber immerhin 42 % der Befragten fanden das Kinderzimmer "saalartig", doch mit dieser Antwort brauchte SCHÜTTLER-JANIKULLA bei seinen so richtungsweisend formulierten Fragen nicht zu rechnen, und so geht er in seiner Darstellung dieser "Untersuchung" (SCHÜTTLER-JANIKULLA 1971b, S. 157-161) auch gar nicht erst darauf ein.

Einen Schlips trägt der Vater auf dem Fabrikbild auch tatsächlich nicht, und es fällt doch nur auf SCHÜTTLER-JANIKULLA selbst zurück, wenn er das von SCHULZ verwendete Bild "Angestellter mit Schlips und Kragen" hier wörtlich nimmt. Überhaupt zeigt der ganze Aufbau wie auch der etwas beleidigte und rechtfertigende Ton seiner Darstellung dieser Untersuchung, daß SCHÜTTLER-JANIKULLA nicht bereit ist, sich kritisieren zu lassen oder zu solchen Vorwürfen in sachlicher Weise Stellung zu nehmen.

Der Kritik kann er aber nicht entgehen, wenn er solche wissenschaftlich unsauberen Methoden verwendet wie in dieser Befragung. Die Gruppe von 50 Personen war nicht repräsentativ ausgewählt; die Ergebnisse der Befragung dürfen also nicht als statistisch auswertbar und übertragbar dargestellt werden, denn sie haben keinerlei statistischen Aussagewert. Daß SCHÜTTLER-JANIKULLA aber dennoch versucht, diesen Eindruck zu erwecken, steht ihm schlecht an, da er in demselben Aufsatz SCHULZ vorwirft, daß dieser um einer Bestätigung seines Vorurteils willen keine "wissenschaftliche Objektivität" zeige.

Und nach alledem nimmt es doch wunder, daß auf dem entsprechenden Bild der nur ganz geringfügig veränderten zweiten Auflage der Vater der Kinder mit Jacke und Mütze bekleidet ist wie die anderen Arbeiter auch; nur die Brille hat man ihm gelassen.

3.5 14 Motivation

Sehr problematisch erscheint uns die Art und Weise, wie SCHÜTTLER-JANIKULLA die Kinder für die verschiedenen Übungen an den Nebenblättern motivieren will. Er schreibt dazu: "Der methodische Vorteil dieses Materials liegt darin, daß es von einer dem kindlichen Erleben adäquaten Form, einer konkreten Situation, ausgeht. Erst danach bieten die Nebenblätter Gelegenheit zu einzelnen systematischen Funktionsübungen. Das Kind wird so kräftiger motiviert und ist immer imstande, seine Leistungen in einem Sinnzusammenhang zu erleben" (SCHÜTTLER-JANIKULLA 1968, S. 9).
Dies scheint doch sehr vordergründig zu sein. Es ist nicht recht einsichtig, daß ein Kind beispielsweise motiviert sein soll, Blumen mit vier, fünf oder sechs Blütenblättern zu unterscheiden, bloß weil auf dem zugehörigen Hauptbild auf dem Fensterbrett ein ähnlicher Blumentopf zu sehen ist.

Grundsätzlich wird die Motivation bei der Bearbeitung vieler Nebenblätter stark in Frage gestellt, da sehr oft ähnliche Tätigkeiten gefordert werden. Diese Eintönigkeit in den Arbeitsschritten kann sehr leicht Langeweile oder Unwillen erzeugen, außerdem setzt sie "von den Kindern bereits in erheblichem Maß jene Eigenschaften voraus, die durch diese Betätigung erst erreicht werden sollen, z. B. Geduld und Ausdauer" (RETTER 1971, S. 528f.).

Das Motivationsproblem taucht nochmals bei den ersten Leseübungen in der dritten Mappe auf. Hierzu sagt SCHÜTTLER-JANIKULLA: "Darum können dem Kind, wenn es von sich aus dazu drängt, die in seiner Umgebung immer wieder vorkommenden Wortbilder, welche einen besonderen Signalcharakter aufweisen, in Form des naiv-ganzheitlichen Lesens nahegebracht werden" (SCHÜTTLER-JANIKULLA 1968, H. 3, S. 18). Nun wird das Kind, mit dem ein Sprachtrainingsprogramm durchgeführt wird, kaum je in die Lage kommen, von sich aus nach den vorgeschriebenen Übungen zu drängen, es wird höchstens dazu gedrängt werden. Darüber hinaus muß man sich aber fragen, was SCHÜTTLER-JANIKULLA eigentlich mit "Signalcharakter" meint. Er selbst nimmt dazu nicht weiter Stellung, aber in seinem Material sollen Worte wie "Mama", "Papa", "Thomas" und "Sabine" sowie die verschiedensten Bezeichnungen wie "Flasche", "Schere", "Lok", "Fahne", "Ente" usw. geübt werden. Inwieweit der angesprochene Signalcharakter auf solche Wörter zutrifft, können wir nicht sagen.

3.5 15 Sprachtraining im Spiel

Zur Anwendung der Nebenblätter ganz allgemein schreibt SCHÜTTLER-JANIKULLA: "Der Umgang mit dem Trainingsmaterial muß von den Kindern immer als eine Spielsituation erlebt werden" (SCHÜTTLER-JANIKULLA 1968, S. 10). Es ist aber fraglich, ob die Kinder eine im Zusammenhang mit den Hauptbildern geforderte "gezielte und konsequente Begriffsschulung" (S. 9) als Spiel empfinden. Die Begriffsschulung ist aber gerade der Kern des Programms. "Am entscheidenden Punkt ist die gewollte Verbindung zwischen Sprache und Tun in der Praxis ein noch ungelöstes Problem und in Gefahr, zum bloßen Formalismus auszuarten" (RETTER 1971, S. 529). Das erklärte Ziel, den Sprachmodus positiv zu beeinflussen, ist dann möglicherweise gefährdet, wenn die Kinder kein Interesse an den betreffenden Übungen haben.

3.5 16 Zu SCHÜTTLER-JANIKULLAs Intelligenzbegriff

Schließlich ist noch das zugrundeliegende Intelligenzkonzept zu kritisieren. "Die Lernleistungen, die dem Kind abverlangt werden, haben meist solche Aufgaben zur Grundlage, die den Items in den bekannten Entwicklungs- und Kinder-Intelligenztests gleichen. Ob das Erlernen von Lösungsstrategien für Testaufgaben tatsächlich zu einer Verbesserung der intellektuellen Leistungsfähigkeit führt, muß dann in Frage gestellt werden, wenn man dem überkommenen Intelligenzbegriff die Forderung nach Kreativität gegenüberstellt. Kreativität aber meint ein schöpferisches Verhalten, das in allen Persönlichkeitsbereichen zum Ausdruck kommt und mit dem Intelligenzbegriff, wie er den überkommenen Testverfahren zugrundeliegt, nur wenig gemein hat" (RETTER 1971, S. 523 f.).

Angesichts des völligen Fehlens von Möglichkeiten zur kreativen Entfaltung in diesem Programm scheint SCHÜTTLER-JANIKULLAs Intelligenzbegriff doch nur einen sehr eingeengten Persönlichkeitsbereich zu umfassen (vgl. auch 3.6 15). Und es drängt sich die Vermutung geradezu auf, daß er nicht von ungefähr den Intelligenztest als "Schulreifekriterium" fordert:

Wer sein Trainingsprogramm durchlaufen hat, besteht ihn spielend.

3.5 17 Der angebliche und tatsächliche Erfolg des Programms

SCHÜTTLER-JANIKULLA fordert: "Jeder Erfolg, selbst das Bemühen um die Bewältigung einer Aufgabe, ist durch nachhaltiges, deutliches Lob dem Kind mitzuteilen, um die Arbeitsfreude zu steigern und seine Arbeitshaltung nachdrücklich zu bestätigen. Dadurch wird der Lerneffekt in psychologisch angemessener Weise verstärkt" (SCHÜTTLER-JANIKULLA 1968, S. 10). Abgesehen davon, daß diese Anleitung mehr als redundant erscheint, besteht hier sehr stark die Gefahr, daß das Kind durch ständiges verstärkendes Lob auf die Dauer nur dazu gebracht wird, in Abhängigkeit vom Erwachsenen zu geraten und nur noch für dessen Anerkennung, nicht mehr selbständig aus Interesse an einer Sache zu lernen.

Abschließend ist noch zu bemerken, daß SCHÜTTLER-JANIKULLA sich gegen einen Großteil möglicher Kritik von vornherein absichert: "Die Anwendungsmöglichkeiten sind so vielfältig, daß der Entwicklungsfortschritt gesichert ist und jedes Kind bei richtiger Anwendung des Materials zu seiner Höchstleistung auf sprachlichem und intellektuellem Gebiet gebracht wird" (SCHÜTTLER-JANIKULLA 1968, S. 10). Hier wird schon vorsichtig gesagt: "zu seiner Höchstleistung". Es scheint also Kinder zu geben, die einfach zu dumm (oder, freundlich ausgedrückt, nicht in der Lage) sind, bestimmte Bedingungen zu erlernen, und wenn sich der gewünschte Erfolg nicht einstellen will, wird es wohl an einer fehlerhaften Anwendung liegen, nicht aber an fehlerhaftem Aufbau des Trainingsmaterials.

"Über den Erfolg dieses Programms liegen, bis auf eine Untersuchung von SCHÜTTLER-JANIKULLA an 18 Kindern (das ist weit unterhalb statistisch relevanter Gruppengröße - d.Verf.) keine empirischen Belege vor (...). In einer bislang unveröffentlichten Untersuchung von H. EPPEL, Hamburg, erzielte die mit dem Programm geförderte Gruppe keine Verbesserungen in Intelligenz und Sprachverhalten gegenüber einer unspezifischen Zuwendungsgruppe, d.h. der Erfolg dieses Programms ist möglicherweise allein auf den Faktor der verstärkten Zuwendung zu den Kindern zurückzuführen" (VALTIN 1972, S. 37).

3.5 2 Die sprachliche Seite des Programms

Im Folgenden soll nun untersucht werden, wie weit das Programm tatsächlich ein Sprachtraining bietet, das beide Stufen von SCHÜTTLER-JANIKULLAs Anspruch erfüllen kann, nämlich eine Verbesserung der sprachlichen Differenzierung zu erreichen, durch die dann auch bessere Denkleistungen ermöglicht werden sollen. Dazu müssen wir vor allem feststellen, welche Funktionen die im Programm geförderten sprachlichen Fähigkeiten haben und auf welche Möglichkeiten der Anwendung von Sprache (z.B. Beschreiben, Kommunikation, Problemlösen) besonderer Wert gelegt wird. Wir stützen uns hier im wesentlichen auf VALTIN (1972).

3.5 21 Die lexikalische und syntaktische Ebene

SCHÜTTLER-JANIKULLAs Grundthese, nach der eine Anreicherung und Präzisierung des verfügbaren Wortschatzes schon eine Differenzierung der Denkabläufe gewährleistet, haben wir bereits mehrfach zitiert (SCHÜTTLER-JANIKULLA 1968, S. 8). Auf diese Weise verkürzt SCHÜTTLER-JANIKULLA nicht nur den Zusammenhang von Sprechen und Denken auf ein lexikalisches Problem, sondern es zeigt sich darüber hinaus, daß die Begriffe, die zu dieser Differenzierung im Programm gelernt und präzisiert werden sollen, auf einer so niedrigen Abstraktionsstufe stehenbleiben, daß hier unter "Begriff" nur noch Bezeichnungen für Gegenstände und anschauliche Tätigkeiten verstanden werden können. Der Begriff wird hier also zur bloßen Vokabel, die durch Zuordnungen zu vorgegebenen Bildern gesichert wird. Auf diese Weise bleiben aber beispielsweise Verben, Adjektive oder Konjunktionen von vornherein aus dem Sprachtraining ausgeklammert, da sie sich nur schwer anschaulich-bildlich darstellen lassen. Dadurch kann eine Anreicherung und Verbesserung des Sprachvermögens, wenn sie überhaupt ermöglicht werden kann, nur lückenhaft bleiben.

Durch einen anderen Typ von Zuordnungsübungen soll eine Differenzierung und Strukturierung der Objektwelt erreicht werden. Hierbei wird aber von der Aufgabenstellung her stets nur nach vorfindlichen Gesichtspunkten wie Größe, Farbe und Form geordnet; eine Zuordnung nach Funktionen oder Oberbegriffen wird nicht gefördert, und so kann auch keine Bildung von abstrakten Begriffen oder Kategorisierungen erfolgen. "Das erlernte Vokabular (bleibt - d. Verf.) im Bereich des anschaulich-konkreten" (VALTIN 1972, S. 35). Die Unterscheidungen, die die "Begriffe" zulassen, sind weit eher ein Wahrnehmungs- als ein Sprachtraining (z. B. die Unterscheidung zwischen Citroen und Mercedes).

Im Programm werden auch keinerlei zeitliche oder logische Relationen angeboten. Die einzigen Beziehungen zwischen den Menschen und Dingen sind räumlicher Art (denn diese lassen sich anschaulich-konkret darstellen). Die sprachlichen Funktionen, die hier geübt werden, bleiben demnach auf "das Benennen und Beschreiben einer statischen Objektwelt" (VALTIN 1972,

S. 35) beschränkt, d. h. also, daß lediglich sprachliche Leistungen von nur geringer Komplexität anhand dieses Programms erlernt werden können.

Neben der stark betonten lexikalischen Ebene kommt der Bereich der Syntax im Programm recht kurz, obwohl SCHÜTTLER-JANIKULLA mit seinem Vorhaben, "den Sprachmodus positiv zu beeinflussen", sicher nicht nur das Erlernen von Begriffen meinte. Die Übungen zum Satzbau beschränken sich sämtlich auf Reihen von zumeist 4 Bildern, (manchmal in falscher Reihenfolge, die zunächst richtiggestellt werden muß), mit deren Hilfe ein zusammenhängender Satz konstruiert werden soll (Beispiel: 1. Bild - Sabine, 2. Bild - Sabine hält einen Teddy im Arm, 3. Bild - Sabine geht mit dem Teddy zum Regal, 4. Bild - der Teddy sitzt im Regal. Diese Bildreihe steht für den Satz: Sabine setzt den Teddy ins Regal.). Das hier zu erreichende Satzbauschema, durch die vorgegebenen Bilder begrenzt, ist stets dasselbe: Subjekt - Prädikat - Objekt - adverbiale Ortsbestimmung. "Das bedeutet aber, daß sich der Satzbau stereotyp auf parataktische Konstruktionen beschränkt. Hypotaxen werden in diesen Aufgaben kein einziges Mal gebildet. Temporale, kausale, finale und andere Beziehungen, die durch Nebensätze ausgedrückt werden können, werden vollständig vernachlässigt" (VALTIN 1972, S. 36).

3.5 22 Sprachliche Kommunikation?

Außer der Funktion der Sprache als Mittel zur Darstellung und Beschreibung geht SCHÜTTLER-JANIKULLA in seinen Anleitungsheften zum Programm noch auf einige andere Möglichkeiten der Sprache ein. Die sprachlichen Fähigkeiten führen etwa zur Entstehung "der willkürlichen Aufmerksamkeit, des aktiven Gedächtnisses, der Willenshandlung" (SCHÜTTLER-JANIKULLA 1968, S. 8). Weiter wichtige Funktionen der Sprache wie etwa Gefühls- und Absichtsäußerungen oder Mittel zur Kommunikation werden dagegen nicht genannt und im Programm nahezu vollständig vernachlässigt. Die Kommunikationsformen, die das Kind in diesem Programm kennenlernt, beschränken sich in den seltenen Fällen, in denen sie vorkommen, auf Händchenhalten (Mutter - Kind), Winken und Zeigen. "Nur auf drei der über 140 Bilder sprechen die dargestellten Menschen miteinander, und dies nur aus beruflich bedingten Gründen: der Verkäufer mit dem Kunden, der Architekt mit dem Bauarbeiter. Auch in den etwa 600 Aufgabenstellungen zu den Bildern ist kein einziges Mal vorgesehen, daß die Menschen miteinander reden" (VALTIN 1972, S. 36). Daß Sprache auch noch andere Funktionen hat, daß sie z. B. zum Problem- und Konfliktlösen nicht nur nützlich, sondern notwendig ist, sieht SCHÜTTLER-JANIKULLA nicht und kann es demzufolge auch nicht in seinem Sprachtrainingsprogramm unterbringen. Wenn die durch sein Programm geschulten Kinder Konflikte überhaupt sehen, können sie sie nicht lösen, weil ihnen sprachliche Mittel dazu vorenthalten werden.

"Schließlich sei noch angemerkt, daß die Verben 'denken' und 'nachdenken' nicht unter den Wörtern, die (anhand der jedem Hauptbild beigefügten Wortlisten - d. Verf.) 'gelernt und vertieft' werden sollen, zu finden sind. Das steht im Einklang mit dem Sachverhalt, daß die im Programm abgebildeten Personen nicht denken; sie bewegen sich, beschäftigen sich mit Dingen und handeln im übrigen so, wie es den sozialen Rollenerwartungen entspricht. Damit wird auf die Möglichkeit verzichtet, rollenunabhängiges bzw. rollenkritisches Denken und Verhalten zumindest ansatzweise zu fördern (...). Die in diesem Sprachprogramm gelernte Sprache läßt sich mit den Worten charakterisieren, die OEVERMANN und ROEDER zur Beschreigung des restringierten Codes verwenden, (...) wobei mit "restringierter Code" hier nicht "Sprache der Unterschicht" gemeint ist, sondern eine stark beschränkte Auswahl sprachlicher Möglichkeiten aus dem vorhandenen Gesamtrepertoire der Sprache" (VALTIN 1972, S. 36f.).

"Er ist der Typus, der seine Gehirnwindungen als Ornament trägt und, da ein Muster der Mode unterworfen ist, keinen Versuch der Renovierung scheut"

Karl Kraus [1)]

3.6 SCHÜTTLER-JANIKULLAs zweites Vorschulprogramm

Das Programm mit dem Titel "Begabung - Sprache - Emanzipation" - "Materialien für Kinder von 4 - 7 Jahren zur Förderung in Elternhaus, Kindergarten, Vorklasse und Schule" erschien 1972.

Im Aufbau entspricht dieses Vorschulprogramm bis ins Detail dem bereits bekannten: Es besteht aus drei Arbeitsmappen (von denen bis zum Herbst 1972 nach unseren Informationen erst eine erschienen ist); jede Mappe enthält acht Hauptbilder, denen im Durchschnitt je acht Nebenblätter zugeordnet sind. Auch die Thematik jedenfalls der ersten Mappe dieses Programms gleicht dem ersten Programm: Die Hauptbilder stellen die "nähere Umwelt" des Kindes dar: Kindergarten, Küche, Wohn- und Badezimmer, Spielstraße, Straßenkreuzung, Wochenmarkt und Garten. Bis zur dritten Mappe sollen "entferntere Bezüge wie Landschaften und Verreisen" erreicht werden.

Die Nebenblätter haben auch hier wieder die Aufgabe, bestimmte Funktionen zu üben (wiedererkennen, ordnen, differenzieren - in diesem Programm sehr häufig nach Farbnuancen); zugleich sollen sie durch einen thematischen Bezug auf das jeweilige Hauptbild für die Durchführung der betreffenden Aufgabe motivierend wirken.

Handlungsträger des Programms ist hier wieder die Vater-Mutter-Sohn-Tochter-Familie, die sich von der im ersten Programm anzutreffenden nur durch die Namen der Kinder unterscheidet: Sie heißen nun nicht mehr Thomas und Sabine, sondern Pit und Nina.

Das Handbuch zu diesem Programm ist wesentlich umfangreicher als die Anleitungshefte des ersten Programms. Hier geht SCHÜTTLER-JANIKULLA im theoretischen Teil in verschiedenen Abschnitten auf die Grundlagen

1) Karl Kraus: Literatur und Lüge, München 1967, S. 117

der vorschulischen Spracherziehung, auf BERNSTEIN und schließlich auch auf "Rollenspiel und Sprache" recht ausführlich ein.

3.6 1 Der "Theoretische Teil"

In dieser Kritik sollen im wesentlichen die Punkte untersucht werden, die im ersten Programm von SCHÜTTLER-JANIKULLA noch nicht angesprochen wurden; in einem weiteren Kapitel soll anschließend auch an diesem Programm wieder geprüft werden, wie weit es seinen eigenen Anspruch erfüllt.

Auch im theoretischen Teil dieses Programms geht SCHÜTTLER-JANIKULLA wieder von den Untersuchungsergebnissen Benjamin S. BLOOMs aus, um an ihnen die Notwendigkeit einer intellektuellen Frühförderung aufzuzeigen. Die BLOOMschen Ergebnisse stellt er folgendermaßen dar:

"In dieser Arbeit setzt BLOOM voraus, daß die Intelligenz bei einem 18jährigen voll ausgebildet ist. Der Aufbau der Intelligenz erfolgt dabei in unterschiedlichem Tempo. Bis zum 5. Lebensjahr sind es bereits 50 % des Endpotentials, so meint BLOOM, die ein Kind verfügbar hat. Weitere 30 % kommen bis zum 8. Jahr hinzu" (SCHÜTTLER-JANIKULLA 1972, S. 9).

3.6 11 Zur unterschiedlichen Rezeption der Ergebnisse BLOOMs

Diese Auffassung und Darstellung der BLOOMschen Ergebnisse ist nicht nur bei SCHÜTTLER-JANIKULLA zu finden, sondern ist recht weit verbreitet. Die ganze Vorschulerziehungsbewegung stützt sich neben BERNSTEIN und OEVERMANN in der BRD im wesentlichen auf BLOOM, wobei zumeist von einer Darstellung seiner Ergebnisse ausgegangen wird, wie sie der von SCHÜTTLER-JANIKULLA entspricht. Diese Darstellung ist aber in einigen wesentlichen Punkten zumindest unkorrekt. Wir wollen uns wegen der weiten Verbreitung von BLOOMs Thesen auch in der öffentlichen Diskussion ein wenig eingehender mit ihnen beschäftigen; zuvor jedoch wollen wir die Kritik aufnehmen, die SPEICHERT (1972) an der bisherigen Rezeption geübt hat:

Die Grundlage von BLOOMs Untersuchungen bildeten Analysen und Vergleiche von Längsschnittuntersuchungen, bei denen bei derselben Gruppe von Menschen bestimmte Merkmale, unter anderem auch die Intelligenz, im Laufe von Jahren häufig erhoben wurden. "Dabei stellte er unter anderem fest: Wenn man eine für statistische Zwecke genügend große Gruppe von Kindern im Alter von 4 Jahren einem Intelligenztest unterzieht und die Kinder nach den erhaltenen Ergebnissen in eine Rangfolge bringt, dann kann man die Rangfolge, die sich ergibt, wenn man im Alter von 17 erneut mißt und ordnet, mit 50 % Genauigkeit voraussagen; bei einer Messung im Alter von acht Jahren erhöht sich die Genauigkeit der Voraussage auf die Rangfolge im Alter von 17 bereits auf 80 %" (SPEICHERT 1972, S. 38).

Hieraus wird deutlich, daß sich mit diesen Ergebnissen bestenfalls das Ausmaß der Veränderung der festgestellten Reihenfolge voraussagen läßt; mit Sicherheit lassen die Ergebnisse keine Aussagen über das tatsächliche Ausmaß der Intelligenz eines Kindes zu einem bestimmten späteren Zeitpunkt zu, sondern lediglich Schätzungen, "innerhalb welchen Spielraums die, z. B. bei einem vierjährigen Kind festgestellte, Intelligenz im Erwachsenenalter aller Wahrscheinlichkeit nach liegen wird; dieser Spielraum ist aber, nach der Höhe der von BLOOM zugrundegelegten Korrelationen, sehr groß. So würde er noch bei 12jährigen $\pm$ 19,6 IQ-Punkte betragen" (SCHUSSER 1971, S. 468).

3.6 12 Zur Kritik an den Ergebnissen BLOOMs

SCHÜTTLER-JANIKULLA selbst versucht nun, seine Rezeption der BLOOMschen Ergebnisse zu differenzieren. Hierbei bezieht er sich auf den Aufsatz "Entwicklung der Intelligenz und Reform des Bildungswesens" von D. HOPF (in: Neue Sammlung, 11. Jg., 1/1971) und versucht daran zu zeigen, daß die Halbzeit der intellektuellen Entwicklung je nach dem angesetzten Testverfahren unterschiedliche Lebensalterswerte habe. Bei einer Überprüfung von einigen "Grundfaktoren der Intelligenz" habe sich eine breite Streuung der Halbzeit ergeben; bei den Faktoren "sprachliches Verständnis" und "Schnelligkeit der Wortfindung" wurde die Halbzeit erst bei 10 bzw. 13 Jahren angesetzt.

Nun geht HOPF (nach SCHUSSER 1971) in seinem Aufsatz zunächst tatsächlich davon aus, daß BLOOMs Korrelationsberechnungen wirklich etwas über den prozentualen Anteil an der Erwachsenenintelligenz auf verschiedenen Altersstufen aussagen. "Schon unter der vorläufigen Akzeptierung dieser BLOOMschen Prämisse zeigt es sich, daß es weitgehend von der Art des in den einzelnen Untersuchungen zugrundegelegten Intelligenzbegriffs sowie von dem jeweils untersuchten spezifischen Intelligenzfaktor abhängt, zu welchem Zeitpunkt eine bestimmte Proportion des Intelligenz-Endwertes als entwickelt festgestellt werden kann" (SCHUSSER 1971, S. 467/468).

Soweit also folgt SCHÜTTLER-JANIKULLA dem Aufsatz HOPFs und beruft sich auf ihn. Nach SCHUSSER geht HOPF aber im folgenden in seinen Ausführungen noch sehr viel weiter: Er stellt BLOOMs gesamte Voraussetzungen in Frage. Aus einer Reihe von Beispielen (so bestreitet er einen "Nullpunkt von Intelligenzskalen" und zeigt, daß sie sich nicht aus gleichen Einheiten zusammensetzen) kommt er zu der Folgerung, daß "die Grundvoraussetzung des Schlusses von (zwischen verschiedenen Altersstufen bestehenden) Korrelationen auf entsprechende Prozentanteile an der späteren Erwachsenenintelligenz nicht gegeben" ist (SCHUSSER, S. 468). Das erwähnt nun SCHÜTTLER-JANIKULLA in seinem theoretischen Teil des Programms nicht; denn das würde ja bedeuten, daß er sich für die Rechtfertigung seiner Forderung nach Vorschultraining (möglichst mit seinem Programm) selbst den Boden entzöge.

So geht er auch mit keinem Wort auf die weiteren kritischen Überlegungen ein, die sich bei HOPF (und etlichen anderen Autoren, so auch bei SPEICHERT) finden: BLOOM hat seine Ergebnisse ja unter den gegebenen systematischen Bedingungen dieser Gesellschaft gewonnen, und es bleibt nun zu untersuchen, welcher Zusammenhang besteht zwischen der hier festgestellten Intelligenzentwicklung und den Erziehungs- und Unterrichtspraktiken in unserer Gesellschaft, unter denen diese Entwicklung stattfindet. Denn es ist denkbar, daß die Intelligenzentwicklung nicht, wie BLOOM sagt, "natürlich" so ablaufen muß, sondern daß unser Erziehungs- und Ausbildungssystem die gefundenen Zusammenhänge bedingt. "Die Untersuchungen (BLOOMs - d. Verf.) beschreiben einen Zustand, der dieses Ergebnis mit allergrößter Wahrscheinlichkeit erst produziert" (SPEICHERT 1972, S. 39).

Solche gesellschaftlichen Zusammenhänge läßt BLOOM völlig außer acht. Er hält ohnehin nur additive Veränderungen der an sich konstanten Eigenschaft Intelligenz für möglich. Unter anderem setzt auch hier die Kritik Martinus J. LANGEVELDs ein: "Worin liegt die Konstanz von etwas, das größer, schwerer, reicher usw. und andersartig wird? Diese Frage kann man nicht außer Betracht lassen, solange obendrein nicht feststeht, was eigentlich mit 'Eigenschaft' bezeichnet wird" (LANGEVELD 1970, S. 300). BLOOM aber geht sogar noch einen Schritt weiter:
Er vergleicht die Entwicklung der Intelligenz mit dem körperlichen Wachstum. "This differentially accelerated growth (of general intelligence - d. Verf.) is very similar to height growth. (...) Intelligence is a development concept, just as is height, weight, or strength" (BLOOM 1966, S. 68).

3.6 13 Exkurs: Zum Intelligenzbegriff Arthur R. JENSENs

Von hier aus ist es dann nicht mehr weit bis zu der hart umstrittenen These Arthur R. JENSENs (JENSEN: How much can we boost IQ and scholastic achievement? in: Harvard Educational Review, Winter 1969, S. 1-123). JENSEN glaubt aus IQ-Vergleichen von Personen unterschiedlichen Verwandtschaftsgrades ableiten zu können, "daß 80 % der Intelligenzvarianz der Vererbung zuzuschreiben sind und 19 % der Umwelt, wobei dann 1 % auf den Interaktionseffekt (zwischen Anlage und Umwelt - d. Verf.) entfällt" (FATKE 1971, S. 16).

Auch JENSEN vergleicht die Entwicklung der Intelligenz mit dem Körperwachstum und kommt gemäß seiner oben zitierten These zu dem Schluß, daß so, wie das Körperwachstum erst unter einer kritischen Schwelle von Unterernährung beeinträchtigt werden kann, auch die Wirkung der sozialen Umwelt auf die Intelligenzentwicklung erst unterhalb einer solchen Schwelle negative Folgen haben könnte; solche Bedingungen seien aber, abgesehen von extremen Einzelfällen, in der amerikanischen Gesellschaft nicht gegeben.

Nach dieser Argumentation nun kann eine Verbesserung der Umweltbedingungen schlechterdings keine (jedenfalls keine signifikante) Steigerung des IQ bewirken, denn auch durch besonders gute Ernährung wächst ein Kind nicht schneller oder wird wesentlich größer.

Einen (wenn auch geringen) Einfluß auf den IQ haben nach JENSENs Darstellung lediglich z. B. ungünstige physiologische Bedingungen im Mutterleib, Komplikationen bei der Geburt oder Fehlernährung in den ersten Lebensmonaten. Doch sieht er auch hierin wieder nur eine Bestätigung seiner These von der erblichen Bedingtheit der IQ-Unterschiede, da alle diese Faktoren nicht von wirklich gravierender Bedeutung sein könnten.

Von hier aus wendet er sich der (durch zahllose Erhebungen gesicherten) Tatsache zu, daß Unterschichtkinder in Intelligenztests durchschnittlich 15 Punkte unter dem Ergebnis von Mittelschichtkindern bleiben. Unter 3.4 23 haben wir bereits gezeigt, daß diese Differenz fast nur in den mittelschichtorientierten sprachlichen Items zu finden ist; aber natürlich taucht sie dann im End-IQ auch auf. Die einzig mögliche Folgerung, die sich aber nach JENSEN daraus ableiten läßt, ist diese: Die untere Sozialschicht ist genetisch anders ausgestattet, oder direkter: Sie ist in ihrem Intelligenzpotential der Mittelschicht unterlegen.

Nun besteht in den USA die Unterschicht großenteils aus Negern. Diese Chance läßt JENSEN sich nicht entgehen: Er kommt auf das Verhältnis von Rasse und Intelligenz zu sprechen, zeigt auf, daß Negerkinder in den Intelligenztests sogar noch schlechter abschneiden als Indianerkinder und daß schwarze Mittelschichtkinder im durchschnittlichen IQ-Wert hinter weißen Unterschichtkindern zurückbleiben, und - simsalabim - schon ist bewiesen, daß die Neger als Rasse aufgrund genetischer Bedingungen weniger intelligent sind als die Weißen.

Aus dieser Erkenntnis müssen sich nach JENSEN schwerwiegende Folgen ergeben: Ein nationaler Begabungsschwund scheint ihm unvermeidlich, da die Angehörigen der Unterschicht, die ja über das geringere intellektuelle Potential verfügen, in der Regel mehr Kinder hätten als Angehörige der Mittelschicht. Dieses Schicksal, meint JENSEN, läßt sich nur durch energische eugenische Maßnahmen verhindern (siehe dazu FATKE 1971).

3.6 14 Zur Infantildetermination nach BLOOM

Ganz soweit geht BLOOM in seinen Ausführungen nicht. Immerhin kommt er aber zu der Feststellung, "that extreme environments can have far greater effects in the early years of development than they can in later years. That is, deprivation in the first four years of life can have far greater consequences than deprivation in the ten years from age 8 through age 17. (S. 72). We would expect the variations in the environment to have little effect on the I.Q. after age 8, but we would expect such variation to have the greatest effect (...) between the ages of about 1 to 5" (BLOOM 1966, S. 68).

Diese These kann nun sehr leicht zu einer Einstellung führen, die dem Lehrer die Verantwortung für die Schwierigkeiten oder das Versagen seiner Schüler abnimmt, da er die Prägung, die das Kind in den ersten fünf Lebensjahren erfahren hat, nicht mehr verändern könne.

In seinem Aufsatz "Über das Testen kognitiver Fähigkeiten" (BLOOM 1972) relativiert BLOOM die Bedeutung des allgemeinen Intelligenztests als Maß für Fähigkeiten oder Begabung eines Schülers. Er berichtet hier über Untersuchungen, die ergaben, daß die Korrelation zwischen IQ und Leistung geringer ist als die zwischen früher liegender und späterer Schulleistung. Diese betrage 0.80. Hieraus leitet er die Forderung ab, daß der Lehrer grundsätzlich über die früheren Leistungen seiner Schüler informiert sein müsse, um die zu erwartenden Leistungen von vornherein einschätzen zu können und um eine Grundlage zu haben, "die Schüler in bestimmten Gruppen zusammenzufassen" (BLOOM 1972, S. 466). Zwar gibt er auch eine unverfängliche Begründung: "Vielleicht sollten wir auch seine (des Schülers - d. Verf.) vorhergegangenen Leistungen erfassen, um die Art seiner Fehler zu bestimmen und den Grund für diese Fehler" (BLOOM 1972, S. 467). Aber der nachdrückliche Hinweis auf die hohe Korrelation zwischen früherer und späterer (also auch zu erwartender) Leistung bedeutet doch nur, daß sich ein schlechter Schüler nie verbessern könnte, aus welchen Gründen auch immer, weil der Lehrer eine solche Verbesserung gar nicht zulassen kann. So wird die eben angesprochene Einstellung von Lehrern eher noch begünstigt.

3.6 15 Zu SCHÜTTLER-JANIKULLAs Begabungsbegriff

Diese Einstellung wäre vergleichbar mit der, die sich noch vor einigen Jahren häufig bei Eltern und Erziehern fand und die sich auf die Begabung des Kindes als Anlage, als angeborene Größe berief. Nachdem aber in den letzten Jahren durch ausgedehnte Versuchsreihen nachgewiesen werden konnte, daß die Variable Begabung keine konstante, sondern eine multidimensionale und dynamische Größe ist, ist die traditionelle Auffassung von Begabung als überholt anzusehen und auch mehr und mehr aus der öffentlichen Diskussion verschwunden.

Auch SCHÜTTLER-JANIKULLA lehnt diesen statischen Begabungsbegriff ab, "der die Aktivität des Erziehers minimiert, da ohnehin durch eine feststehende Begabung die Einwirkungsmöglichkeiten auf Kinder begrenzt sind" (SCHÜTTLER-JANIKULLA 1972, S. 9). Er sieht Begabung vielmehr "als etwas, das formbar, das durch Anreize zu erweitern und einer durch die Umwelt und die Menschen gesetzten und bestimmten Entwicklungschance unterliegt" (S. 10): "Begabung erweist sich als Produkt von Mitgift und Anregungen, die der Mensch vor allem in seiner frühen Kindheit erfährt" (S. 9).

Durch die Beschränkung auf die frühe Kindheit ist aber dieser Begabungsbegriff nun, der spätere wirksame Einflüsse auf die Entwicklung fast völlig ausschließt, kaum weniger statisch als die traditionelle Auffassung von Begabung, die SCHÜTTLER-JANIKULLA so ausdrücklich angreift. Zusätzlich muß er sich die Kritik gefallen lassen, daß neben diesem Begabungsbegriff mit seinem versteckten Konservativismus auch gerade sein Intelligenzbegriff in keiner Weise dynamisch ist. Wenn er hier beim vierjährigen Kind 50 % und beim achtjährigen bereits 80 % der Erwachsenenintelligenz fertig ausgebildet sieht und Chancen zu späterer Entwicklung abstreitet, so verwendet er hier anstelle des angegriffenen statischen Begabungs- einen statischen Intelligenzbegriff; das Problem der Nicht-Mehr-Zuständigkeit der Erzieher hat er lediglich um vier Jahre verlagert.

3.6 2 Zu SCHÜTTLER-JANIKULLAs Schichtbegriff

SCHÜTTLER-JANIKULLA stellt in diesem Programm BERNSTEINs Theorie der unterschiedlichen Sprachcodes in Unterschicht und Mittelschicht dar. BERNSTEINs Zuordnung des "restringierten Codes" zur Unterschicht und des "elaborierten Codes" zur Mittelschicht glaubt er nun allerdings kritisieren zu müssen, da dies "eine zu enge Anlehnung an den Klassenbegriff" darstelle: "Solche Schichtmodelle können u.E. lediglich vorgreifende Vereinfachungen viel komplexerer, differenzierterer sozialer und ökonomischer Bedingungen sein" (SCHÜTTLER-JANIKULLA 1972, S. 15).

Um diese differenzierte Wirklichkeit in einem Modell nun angemessen wiedergeben zu können, unternimmt SCHÜTTLER-JANIKULLA den Versuch einer neuen Einteilung der Gesellschaft. Es geht ihm hier allerdings nicht um die Verwendung des Begriffs "Schicht" im Gegensatz zu "Klasse", denn zwischen diesen beiden Begriffen macht er ohnehin keinen Unterschied, sondern er möchte auf diese Weise die dualistische Zweiteilung der Gesellschaft auch begrifflich aufheben, nachdem er schon bestritten hat, daß es sie gibt. So teilt er nun die Gesellschaft in 4 Schichten: Grundschicht, gehobene Grundschicht, Mittelschicht und Oberschicht (Er gibt keine Quelle für diese Einteilung an. Es besteht aber der begründete Verdacht, daß sie aus dem Aufsatz "Zum Problem IQ-äquivalenter Schulanfänger aus unterschiedlichen sozio-kulturellen Gruppen" von FERDINAND/UHR, in: Schule und Psychologie 7/1970, stammt, den er in anderem Zusammenhang zitiert). "Dennoch haben neuere Arbeiten deutlich gemacht, daß der Begriff der sozialen Klasse ein viel zu unbestimmtes Konzept zur Beschreibung familiärer Umwelten, sprachlicher Fähigkeiten und Begründung unterschiedlicher Leistungen ist" (SCHÜTTLER-JANIKULLA 1972, S. 15).

Wenn allerdings der Schichtbegriff, den SCHÜTTLER-JANIKULLA stattdessen einführt und verwendet, zur Erklärung gesellschaftlicher Verhältnisse herangezogen werden soll, trifft diese Kritik auf ihn selbst ganz besonders zu. Denn jeder Schichtbegriff verhindert die Einsicht in den Gegensatz zwischen Kapital und Arbeit und versucht, antagonistische Verhältnisse dadurch zu befrieden, daß sie auf der gedanklichen Ebene hinwegdisputiert werden, indem die Teilhabe an Macht sowie die Verfügung über und der Besitz an Produktionsmitteln additiv erworben werden könne (womöglich noch durch Bildungsprozesse) und jedes Mitglied einer Gesellschaft einen zufälligen Platz auf einer linearen Skala zugewiesen bekommt, den es durch persönlichen Einsatz auch noch jederzeit verbessern kann, was ihm, wenn ihm das nicht gelingt, als persönliches, individuelles Versagen angelastet wird. Eine Einteilung der Gesellschaft in Schichten, die mit beliebigen, willkürlichen Kategorien gewonnen wird, sagt nichts über die Stellung im Produktionsprozeß aus, und das gesellschaftliche Problem verschiedener sozialer Schichten und (nicht nur) der daraus resultierenden unterschiedlichen Sprechweisen läßt sich ganz gewiß nicht mit einer Einteilung in vier statt zwei Schichten lösen; zudem ist SCHÜTTLER-JANIKULLA hier auch selbst nicht konsequent, denn er teilt die Kinder nach ihrem beobachtbaren Sprachverhalten auch weiterhin in nur zwei Gruppen ein.

3.6 3 Zum restringierten und elaborierten Code

Nachdem SCHÜTTLER-JANIKULLA im ersten Programm lediglich darauf hingewiesen hat, daß den Unterschichtkindern "wegen ihres 'restringierten Codes' die spezifische Semantik und syntaktische Struktur der Mittelschichtsprache nicht geläufig genug" sei (SCHÜTTLER-JANIKULLA 1968, H. 3, S. 16) geht er nun ein ganzes Stück darüber hinaus und stellt fest, daß der "restringierte Code""durch Wortverarmung, mangelhafte Syntax und in dem Zusammenhang zu einer unangemessenen inneren Strategie verbaler Planung führt" (SCHÜTTLER-JANIKULLA 1972, S. 15).

Welchen Situationen diese verbale Planung unangemessen sei und mit welchen Kriterien sich eine solche Unangemessenheit feststellen ließ, darüber macht SCHÜTTLER-JANIKULLA leider keine Angaben; da er aber im "elaborierten Code" eine "angemessene verbale Planungsstrategie" erblickt, liegt es auf der Hand, daß er die schon im ersten Programm kritisierte einseitige Mittelschichtorientierung in diesem Programm durchaus aufrechterhält.
Deutlich wird dies an folgendem Widerspruch:
Einerseits beschreibt SCHÜTTLER-JANIKULLA mit BERNSTEIN die schichtspezifischen Formen des Sprachverhaltens als kulturell bestimmt: "Verschiedene Sozialstrukturen legen Nachdruck auf verschiedene, dem Sprachgebrauch inhärente Möglichkeiten, und sobald dieser Akzent gesetzt ist, wird die daraus resultierende sprachliche Form eines der wichtigsten Mittel, bestimmte Gefühls- und Denkbahnen, die der betreffenden Gruppe funktional zugeordnet sind, hervorzubringen und zu festigen" (angeblich BERNSTEIN 1967, zitiert nach SCHÜTTLER-JANIKULLA 1972, S. 12) [1].

Dieses Zugeständnis der Funktionalität und damit die positive Beurteilung auch des restringierten Codes für bestimmte Gruppen wird aber sofort wieder zurückgenommen: "So gebrauchen Kinder aus niederem sozialem Milieu bevorzugt 'funktional zwar vollständige', strukturell jedoch nur unvollständige Sätze, was mit der Entfaltung höherer Abstraktionsprozesse negativ korreliert" (FERDINAND/UHR 1970, zit. nach SCHÜTTLER-JANIKULLA 1972, S. 12).

So ist der restringierte Code zwar funktional und auch wichtig, ist aber dennoch abzulehnen, da er - wie SCHÜTTLER-JANIKULLA glaubt feststel-

---

1) SCHÜTTLER-JANIKULLA hat hier wieder einmal falsch abgeschrieben oder nach einer anderen Quelle zitiert. Das o. a. Zitat findet sich in anderer Form bei BERNSTEIN 1972, S. 357 in WEINERT 1972: Pädagogische Psychologie, und wieder in anderer Form in BERNSTEIN 1972, S. 119/120.

len zu können - zu "unangemessenen" Planungsstrategien führt. Das heißt also, daß die Kinder aus "niederem sozialem Milieu", wie er nun vornehm den Begriff Unterschicht umschreibt, auf den für sie wichtigen und notwendigen Code verzichten und den "elaborierten Code" erlernen müssen, denn dieser "entspricht (...) den Unterrichtsanforderungen in hohem Maße" (S. 12). Hier sind nun die Sprachbarrieren der Unterschichtkinder eindeutig erklärbar aus der einseitigen Mittelschichtorientierung unserer Schulen, auf die bereits OEVERMANN hingewiesen hat. Was mit den Kindern dann später geschehen soll, wenn sie den elaborierten Code beherrschen, geht auch aus SCHÜTTLER-JANIKULLAs Darstellung hervor. Er fordert eine "allgemeine Anhebung des kognitiven Levels für die Arbeiter in einer automatisierten, technisierten Gesellschaft". Zwar betont er: "Damit vertreten wir nicht etwa eine Tendenz, die versucht, den Arbeiter an den technischen Fortschritt anzupassen, um ihn gegebenenfalls noch besser unterdrücken und ausbeuten zu können" (S. 16); da er aber keine Angaben macht, wozu diese Angleichung denn sonst dienen soll, liegt die Vermutung nahe, daß er hier (wie überhaupt im ganzen recht oft) wieder versucht, möglichen Kritikern die Argumente vorwegzunehmen, um das, was er ausdrücklich abstreitet, eben doch zu veranlassen, nämlich dem Strukturwandel des Qualifikationsbegriffs Rechnung zu tragen.

3.6 4 Ein neues Konzept kompensatorischer Erziehung

SCHÜTTLER-JANIKULLA versucht nun allerdings, den entstandenen Eindruck, er habe ein systemstabilisierendes Programm ausgearbeitet, wieder aufzuheben und beklagt die "unkritische Verwendung dieser vereinfachenden Begriffe (Mittelschicht und Unterschicht - d. Verf.) und (...) die Schlußfolgerungen, die sowohl ideologisch als auch für pädagogische Konzepte daraus gezogen worden sind" (SCHÜTTLER-JANIKULLA 1972, S. 15).

Das möchte er nun besser machen, indem er nicht "an einer allzu starren Klassifizierung der Kinder nach Schichten und einer damit gedachten Korrelation ihrer Persönlichkeitsentwicklung" festhalten will. "Dies hat uns bewogen, den Begriff der kompensatorischen Erziehung durch den der komplementären Sprachbildung zu ersetzen und den der emanzipatorischen Erziehung zu erweitern" (S. 16 - Man darf wohl auch hier wieder vermuten, daß der Begriff der komplementären Sprachbildung aus dem Aufsatz ELSCHENBROICHs (Von der Dummheit, die durch kompensatorische Erziehung kuriert werden soll, in: b:e 8/71), den er an anderer Stelle zitiert, übernommen wurde).

Unter komplementärer Sprachbildung soll hier "ein Anheben des sprachlichen Levels und eine Ausbildung der Gesamtpersönlichkeit aller Kinder" verstanden werden. Die Kinder sollen unterschiedliche Sprachcodes kennen und beherrschen lernen, "so daß sie sich in allen Situationen adäquater verhalten können" (SCHÜTTLER-JANIKULLA 1972, S. 16). Wie weit ein solches Ziel anhand des vorgegebenen Materials und der Anweisungen tatsächlich erreicht werden kann, wird noch weiter unten untersucht werden (siehe unter 3.7).

Der oben angesprochene erweiterte Begriff von emanzipatorischer Erziehung beinhaltet darüber hinaus "Anleitungen zum Handeln im sozialen Feld". Innerhalb der emanzipatorischen Erziehung soll die komplementäre Sprachbildung die Kinder befähigen, "Bedürfnisse bewußter zu erleben, darzustellen und Sprache (...) zur konsequenten Veränderung der Umwelt einzusetzen. Ziel einer emanzipatorischen Erziehung ist es, von der Anpassung weg, über den Widerstand und die Konfliktbewältigung zur Veränderung konkreter Lebenssituationen zu qualifizieren" (SCHÜTTLER-JANIKULLA 1972, S. 17).

Das klingt recht gut und kommt unseren eigenen Vorstellungen von emanzipatorischer Erziehung möglicherweise näher, doch muß auch die Verwirklichung dieses Zieles im vorliegenden Programm erst noch untersucht werden.

3.6 5 Zur Interdependenz zwischen Denken und Sprechen

Problematisch erscheint uns auch der Abschnitt, in dem SCHÜTTLER-JANIKULLA den Zusammenhang von Sprechen und Denken untersucht. In diesem recht konfusen und an manchen Stellen etwas nebelhaften Teil verarbeitet er u. a. OEVERMANN, BITTNER, WYGOTSKI und LURIJA, die er nicht immer ganz und nicht immer ganz richtig verstanden hat.

Nach einer von LURIJA übernommenen Darstellung der Entwicklung der Sprache des Kindes sieht er die Sprache als "wesentlichen Faktor für das Erkennen gesetzmäßiger Zusammenhänge und für die Umstrukturierung vorgefundener Sachverhalte zu neuen strukturellen Gegebenheiten" (SCHÜTTLER-JANIKULLA 1972, S. 13). Diese Feststellung hat er nahezu wörtlich, aber ohne Quellenangabe von OEVERMANN (1970, S. 325) entnommen. In diesem Abschnitt versucht SCHÜTTLER-JANIKULLA schließlich zu beweisen, daß Sprache eine Vorbedingung für das Denken überhaupt sei. Dazu stützt er sich auf ein Zitat von PIAGET, das er laut seiner Fußnotenangabe aus dem eben zitierten OEVERMANN-Aufsatz (S. 329) entnommen hat. Dieses PIAGET-Zitat scheint seine These zunächst zu begründen. PIAGET beschreibt hier die doppelte Bedeutung der symbolischen Verdichtung und der sozialen Kontrolle, die die Sprache für die Entwicklung des Denkens hat und zeigt, daß Sprache und Denken sich gegenseitig bedingen.

Nun hat aber SCHÜTTLER-JANIKULLA dieses Zitat nicht vollständig übernommen, sondern er hat den Anfang und den Schluß des bei OEVERMANN zitierten Abschnittes weggelassen, die nun allerdings den Inhalt und den Sinn dieses Zitats ganz erheblich verändern. Er zitiert PIAGET, Sprache sei "notwendige Bedingung zur Organisation von Strukturen im kognitiven Feld", während im "Originalzitat" bei OEVERMANN nachzulesen ist: "notwendige, aber nicht hinreichende Bedingung". Und der Schluß des vollständigen Zitats lautet: "Aber beide Glieder (Sprache und Denken - d. Verf.) hängen letztlich doch von der Intelligenz im eigentlichen Sinne ab, die der Sprache vorgelagert und von ihr unabhängig ist."

Das mag SCHÜTTLER-JANIKULLA nicht in seine Argumentation hineingepaßt haben, aber diese Methode der Zitatverfälschung ist nicht gerade dazu geeignet, ihn glaubwürdig zu machen.

3.6 6 SCHÜTTLER-JANIKULLAs Arbeits- und Zitierweise

Abgesehen davon ist aber dieses Verhalten beinahe typisch für ihn und symptomatisch für das ganze Handbuch des Programms. Denn bei genauerer Überprüfung des Textes ergibt sich, daß ganze Abschnitte ohne Quellenangabe zum Teil wörtlich aus Arbeiten und Aufsätzen übernommen wurden, die teils in anderem Zusammenhang, teils aber auch gar nicht zitiert wurden. (Dies mag zwar guter akademischer Arbeitsstil sein, der sich aus dem Zwang zur Originalität erklärt und dem in gewisser Weise auch die Verfasser der vorliegenden Arbeit gefolgt sind, doch ist sein exzessiver Gebrauch bei SCHÜTTLER-JANIKULLA nicht einmal mehr mit der BRECHTschen "prinzipiellen Laxheit in Fragen des geistigen Eigentums" zu erklären. Und der Spaß hört vollends dort auf, wo einerseits bewußt falsch zitiert wird und zum andern das, was zitiert wird, nicht einmal verstanden wurde). Aus den zitierten Aufsätzen wird stets nur das übernommen, was in die hier vorgetragene Argumentation paßt, selbst wenn solche zitierten Äußerungen dort in ganz anderem Zusammenhang stehen und eigentlich etwas ganz anderes aussagen.

Das ist z.B. der Fall im 2. Anleitungsheft zum ersten Programm, für das diese Kritik ebenso gilt. Hier stellt SCHÜTTLER-JANIKULLA wieder seine These von der Abhängigkeit der intellektuellen Entwicklung von den sprachlichen Fähigkeiten dar; er sieht (wohl zu recht) eine "Interdependenz zwischen Sprechen und Denken" und versucht zu zeigen, "daß Wahrnehmung und Denken mindestens teilweise durch Sprache determiniert werden" und daß "der Zuwachs in dem einen Sektor sich positiv auf die kognitiven Ebenen des Kindes ausweiten muß" (SCHÜTTLER-JANIKULLA 1968, H. 2, S. 18). Als Beleg dafür und um diese Äußerung zu objektivieren, zitiert er WYGOTSKI: "Das Denken wird dann sprachlich und die Sprache intellektuell" (SCHÜTTLER-JANIKULLA, ebenda).

Bei Überprüfung des Zusammenhangs, in dem dieses Zitat bei WYGOTSKI (Denken und Sprechen, 1971, S. 90) steht, ergibt sich, daß WYGOTSKI mit diesem Satz etwas ganz anderes sagen will. Er beschreibt nämlich hier die Entwicklung der Sprache und der Intelligenz des Kindes und zeigt, daß bis zum Alter von etwa 2 Jahren Denken und Sprechen sich voneinander völlig unabhängig entwickeln, daß man bis zu diesem Zeitpunkt also eine "vorsprachliche" Intelligenz und ein "vorintellektuelles" Stadium der Sprache findet; diese beiden Entwicklungen, die so unabhängig voneinander z. B. auch beim Schimpansen bestünden, fielen beim Menschen nun zu einem bestimmten Zeitpunkt zusammen: "Das Denken wird dann sprachlich und die Sprache intellektuell".

Aber SCHÜTTLER-JANIKULLAs Darstellungsweise ist auch noch in anderen Punkten zu kritisieren. So werden Zitate und Quellen fast immer ohne genaue Seitenangaben genannt und sind somit kaum oder gar nicht nachprüfbar (aus guten Gründen, wie wir meinen). Annahmen oder Hypothesen, deren Herkunft nicht genannt ist und die durch nichts verifiziert werden, sind meist so dargestellt, daß insbesondere die Eltern, die dieses Programm zuhause mit ihren Kindern durcharbeiten wollen, davon regelrecht überfahren werden. Ihnen bleibt gar nichts anderes übrig, als das zu glauben, was ihnen hier vorgesetzt wird, nicht zuletzt deshalb, weil SCHÜTTLER-JANIKULLA in Wortwahl und Darstellungsweise und mit immer wiederkehrenden Sätzen wie: darauf hat auch X oder Y hingewiesen, den Eindruck eines kompetenten Mannes erweckt, den man nicht anzuzweifeln braucht. Nun mag darin ein pädagogischer Optimismus begründet sein, daß es besser sei, Eltern und Lehrer mit scheinbar gesicherten Erkenntnissen zu vermehrter Zuwendung gegenüber den Kindern zu bringen, als sie durch selbstkritische Zweifel an der dargestellten Wissenschaftlichkeit zu verwirren und in Untätigkeit zu belassen. Doch spräche ein solcher Einwand für sich selbst. Die Eltern werden für dumm verkauft und sollen gleichzeitig ihre Kinder zu "kritischem Denken" erziehen. Den Nutzen bei der ganzen Sache hat nur SCHÜTTLER-JANIKULLA, der für seine Schlamperei weiterhin ungeniert seine Honoraranteile kassieren kann.

Denn bei einer genauen Durcharbeitung dieses theoretischen Teils wird deutlich, daß SCHÜTTLER-JANIKULLA häufig die Zusammenhänge, die er darstellt, selbst nicht verstanden hat; doch er braucht ja nicht zu befürchten, daß ihm einzelne Eltern oder Kindergärtnerinnen hinter die Schliche kommen. Kaum jemand wird bemerken, daß er diese Feststellung selbst nicht einordnen kann, wenn er etwa im Zusammenhang mit emanzipatorischer Erziehung schreibt: "Das setzt voraus, daß Kinder zuvor ein ihrer Ich-Identität entsprechendes Selbstkonzept aufbauen und Ich-Autonomie entwickeln. Sie bedeutet die Balance zwischen persönlicher und sozialer Identität und setzt Rollendistanz, Ambiguitätstoleranz und Empathie voraus" (SCHÜTTLER-JANIKULLA 1972, S. 17). Kein weiteres Wort zu diesem wahrhaft gewichtigen Problemkreis. Was er hier sagt, ist zwar in etwa richtig, aber es wird nicht erklärt, was unter Ambiguitätstoleranz oder Empathie zu verstehen ist, geschweige denn, wie im häuslichen Erziehungsprozeß eine solche notwendige Voraussetzung zu erreichen sei. Doch jeder Leser hat jetzt den Eindruck, daß SCHÜTTLER-JANIKULLA ein Mann ist, der seinen HABERMAS nicht nur gelesen, sondern (im Unterschied zu uns) auch von A bis Z verstanden hat (Zu dem umfangreichen Komplex der Ich-Identität siehe unter 2.2 ff.). Und nur "Eingeweihte" können z.B. anhand des Abschnitts "Rollenspiel und Sprachbildung" beurteilen, daß er überhaupt nicht verstanden hat, worum es hier geht: Er stellt dar, daß das "Rollenspiel" ein "brauchbares und wertvolles Mittel zur Sprachmotivation und Sprachbereicherung" sei (SCHÜTTLER-JANIKULLA 1972, S. 17). Unter "Rollenspiel" versteht er dabei "Spiele wie:

- wir telefonieren
- wir spielen Eisenbahn
- wir spielen Cowboy
- wir greifen, fangen, tanzen" (S. 22).

Nachdem er die "Thesen zur Theorie der Sozialisation" von HABERMAS zitiert hat, sie also auch gelesen haben sollte, ist diese Auffassung des Rollenbegriffs schlechterdings unverständlich.

3.7 Das Programm und seine Anwendung

Wenn wir uns nun mit dem "Praktischen Teil" und der konkreten Anwendung dieses Programms beschäftigen, müssen wir zunächst einige Punkte aufgreifen, die wir auch bei dem früheren Programm bereits angesprochen haben.

So steht auch in diesem Programm wieder die 2-Kind-Familie im Mittelpunkt. Allerdings soll dieses Familienbild hier nicht - wie im ersten Programm - als ganzes eine Identifikation des einzelnen Kindes ermöglichen, sondern die Identifikation soll hier nur über die beiden Kinder (Pit und Nina) erfolgen.

An der Bildgestaltung des ersten Programms, die er dort so betont als kindgemäß bezeichnete, hat SCHÜTTLER-JANIKULLA nicht festgehalten; die Bilder und Zeichnungen in diesem Programm sind lebhaft und freundlich, haben lustige Farben und wirken, gemessen am ersten Programm, ausgesprochen lebensnah.

Das dargestellte Milieu ist dagegen gleichgeblieben. Es ist immer noch eindeutig mittelständisch, obwohl SCHÜTTLER-JANIKULLA sich bemüht, diesen Eindruck abzuschwächen, indem er beispielsweise im Badezimmer die Wand mit (recht dekorativen) Flecken versieht.

Die Motivation für die Beschäftigung mit den Nebenbildern soll hier wieder durch dieselbe formal-inhaltliche Übereinstimmung mit dem betreffenden Hauptbild erreicht werden, auf die wir schon unter 3.5 14 hingewiesen haben.

3.7 1 Die Begriffs- und Satzübungen

Auch auf der sprachlichen Ebene hat sich in diesem Programm im Vergleich zum früheren nicht eben viel geändert. Zunächst wird großer Wert auf Lautdiskriminierungsübungen gelegt. So sollen in Reimspielen oder mittels Aufzählung von auf dem Bild sichtbaren Gegenständen schwierige Konsonanten geübt werden, wobei SCHÜTTLER-JANIKULLA besonders großen Wert auf das "g" legt. Durch diese Übungen soll der Erwerb der Lesefähigkeit gesichert werden. "Wir möchten jedoch an dieser Stelle nicht mißverstanden werden in der Art, daß durch solche Übungen nur eine Vorbereitung auf das spätere Lesen beabsichtigt ist. Sicher spielen solche Fähigkeitserwerbe und Absichten mit hinein, sind jedoch nur ein sekundärer Effekt gegenüber der primären Absicht, den Kindern eine Kompetenz für die Beherrschung der Sprache zu vermitteln und damit ihre Ich-Autonomie zu fördern" (SCHÜTTLER-JANIKULLA 1972, S. 33).

Die lexikalische Ebene wird auch hier wieder stark betont, jedoch fehlen die Wortlisten mit zu übenden Wörtern, die im ersten Programm jedem Hauptbild beigefügt waren; es werden jeweils nur einige Wörter vorgeschlagen, die sich an dem betreffenden Bild üben lassen.
Diese werden auch hier wieder als "Begriffe" bezeichnet. Ihr Abstraktionsniveau unterscheidet sich jedoch nicht von den "Begriffen" des ersten Programms, so daß auch hier wieder gesagt werden muß, daß diese "Begriffe" im wesentlichen bloße Bezeichnungen für solche Gegenstände und Tätigkeiten bleiben, die auf den betreffenden Bildern dargestellt sind.
Zwar versucht SCHÜTTLER-JANIKULLA durch den Hinweis auf die Möglichkeit der Erarbeitung von Oberbegriffen ("wie beispielsweise 'Regal und Schrank sind Möbel'" (S. 22)) eine "Hierarchie von Begriffen" zu bilden, doch auch diese "Oberbegriffe" bleiben stets im Bereich des Konkreten, bildlich Darstellbaren; und auch hier muß wieder angemerkt werden, daß Konjunktionen, Adjektive und die meisten Verben so aus dem sprachlichen Teil des Programms ausgeklammert bleiben.

Auch auf der syntaktischen Ebene hat sich nicht viel verändert. Die Mappe enthält nur verschwindend wenige Blätter, die Übungen zum Satzbau dienen; auch wird hier wieder das bewährte Schema "Subjekt - Prädikat - Objekt - adverbiale Ortsbestimmung" eingehalten. Allerdings ist bei einigen Blättern die Möglichkeit gegeben, mit Hilfe zusätzlicher Einzelbilder, die ausgeschnitten und an die Bildreihen angelegt werden können, den Inhalt der Sätze zu verändern; auch auf neue Aussagemöglichkeiten durch einfaches Umstellen der Satzglieder wird hingewiesen.

SCHÜTTLER-JANIKULLA gibt vor, das Programm biete "Spracherweiterungen nicht in Form eines methodischen Drills an, sondern die in den Situationen liegenden sozialen und kognitiven Probleme selbst zwingen die Kinder, sich Gedanken zu machen, wie man diese Probleme löst, wie man sie mit Hilfe der Sprache transparenter macht und damit einer Lösung zuführt" (SCHÜTTLER-JANIKULLA 1972, S. 23).

Dieses Ziel kann er aber keinesfalls erreichen, wenn er lediglich darauf hinarbeitet, daß das SPO-Schema durch verschiedenste Zusätze erweitert werden kann; so soll das Kind z. B. anstelle des mit drei Bildern dargestellten Satzes "Nina geht zur Tür" zu folgender Satzbildung kommen: "Die kleine Nina mit ihren beiden Zöpfen und ihrem schönen Kleid läuft schnell zur großen Tür und will zur Türklinke greifen, um die Tür zu öffnen" (S. 25). (Abgesehen vom schlechten Deutsch erinnert dieses Beispiel fatal an den Linguistenwitz zur ironischen Bestimmung von restringiert und elaboriert: "Super volltanken" (restringiert) und: "Lieber Herr Tankwart, wären Sie bitte so freundlich und würden Sie mir den Tank dieses Wagens bis zum Rand mit Super füllen, damit ich weiterfahren kann" (elaboriert)).

Wenn auch hier SCHÜTTLER-JANIKULLAs Versuch, Intentionen und Zielvorstellungen anderer in die eigene Überlegung miteinzubeziehen, durchaus positiv zu bewerten ist, so ist sein oben vorgeschlagener Satz gewiß nicht dazu geeignet, das hier "vorliegende Problem transparenter zu machen"; ein der Situation angemessenes Sprachverhalten, wie es die komplementäre Sprachbildung erreichen soll, zeigt er schon gar nicht.

Mit diesem Vorgehen wird ohnehin nur die vorgegebene parataktische Satzkonstruktion in die Länge gezogen. Hypotaxen lassen sich mit solchen 3-Bild-Sätzen nicht erreichen. Der Mustersatz von der kleinen Nina enthält zwar einen Nebensatz, der eine mögliche Absicht ausdrückt; Absichten und Ziele oder Zusammenhänge lassen sich aber kaum bildlich-konkret darstellen und müssen somit in der Regel aus den 3-Bild-Sätzen ausgeschlossen bleiben. Die ganze Mappe enthält lediglich ein Blatt (Nebenblatt 5. 7), auf dem versucht wird, Zusammenhänge zu zeigen (z. B.: Ein Junge fällt vom Kistenstapel, weil er die Kisten schief aufeinandergestellt hat).

Solche Kausalzusammenhänge (als einzige Relationen) werden noch auf einigen anderen Blättern, unabhängig von Satzbauübungen, angeboten. Es ist aber fraglich, ob eine "Kausalität", wie sie z. B. zwischen Staubsauger und Teppich besteht, das Erkennen von logischen Zusammenhängen überhaupt ermöglicht, oder ob sie nicht doch wieder nur eine rein mechanische Zuordnung fördert.

3.7 2 Kommunikationsformen im Programm

Der Vorwurf, daß das Kind in seinem Programm keine Kommunikationsformen kennenlernt, hat SCHÜTTLER-JANIKULLA offensichtlich mit am stärksten beschäftigt. Hier ist im zweiten Programm eine auffällige Veränderung vorgenommen worden: Nichtverbale Kommunikation findet auf jedem Hauptbild und einer ganzen Reihe von Nebenblättern statt; sie umfaßt eine ganze Skala bis zu den Extremen: sich küssendes Pärchen und eine Ohrfeigenszene.

Daß Menschen miteinander sprechen, kommt auf den 61 Blättern der ersten Mappe (des zweiten Programms) 11mal vor; außer beruflich notwendigem Sprechen (Verkäufer-Kunde, Lehrerin-Kind) beschränkt sich dieses Sprechen aber auf Schimpfen, sich beschweren (immerhin) und Befehle erteilen. Die einzige Szene, in der zwei Menschen miteinander sprechen, um möglicherweise Informationen oder Meinungen auszutauschen oder Gefühle auszudrücken, zeigt auf dem 3. Hauptbild die Mutter mit einer Freundin beim "Kaffeeklatsch".

3.7 3 Konfliktbewältigung und Problemlösen

Konfliktbewältigung oder Problemlösen mit Hilfe der Sprache, wie es die komplementäre Sprachbildung den Kindern ermöglichen soll, bleiben in den Anfängen stehen, wenn sie überhaupt eingeleitet werden.

Zwar werden Konflikte und Probleme durchaus angesprochen, aber SCHÜTTLER-JANIKULLA beschränkt sich in den meisten Fällen auf die Frage "Wie kann es weitergehen?" und läßt verschiedene Lösungsmöglichkeiten des Konflikts vorschlagen und durchsprechen. So etwa anhand des 3. Hauptbildes, auf dem man sieht, wie Nina im Wohnzimmer Fußball spielt (auch hier: immerhin ist es Nina); der Ball fliegt gegen die Fensterscheibe, und diese zersplittert. - Wie wird sich der fernsehende Vater, wie die kaffeetrinkende Mutter verhalten? Welche Möglichkeiten gibt es noch?

"Problemlösen" setzt aber eine Analyse der Entstehungsursachen des Problems voraus. Das erkennt SCHÜTTLER-JANIKULLA, denn er weist auf "weiterführende Überlegungen, je nach dem Alter der Kinder" hin: "Warum spielen die Kinder in der Wohnung Fußball? Warum können sie nicht auf der Straße spielen? Warum gibt es keine Kinderspielplätze oder davon nicht genug?" (SCHÜTTLER-JANIKULLA 1972, S. 30).
Da eine solche Fragestellung aber eine eigene Stellungnahme erfordert und ihn zu einer Analyse und Darstellung gesellschaftlicher Verhältnisse und Zusammenhänge zwingen würde, verweist er immer auf das "persönliche Engagement" oder die "sozialkritische Intention" der Erzieherin und überläßt es ihr, ob und wie eingehend solche Probleme angesprochen werden. Das hat man gern. Da nennt er seine Mappe: "Begabung-Sprache-Emanzipation" und läßt den Anspruch, mit dem er hier auftritt, von der jeweiligen Erzieherin erfüllen.

Jegliches Interesse an den Entstehungsursachen von Konflikten und an einem Versuch, sie zu lösen, muß aber mit der am Blatt 5 zu erwerbenden "Frustrationstoleranz" wieder verlorengehen. Hier wird in einer Teilszene dargestellt, wie ein herunterfallender Blumentopf einen Passanten zu treffen droht. "Die Kinder können erkennen, daß es durchaus konflikthaftes Geschehen geben kann, für das eigentlich niemand verantwortlich zu machen ist und das in Sequenzen abläuft, in die man nicht oder kaum helfend eingreifen kann. (...) Eine solche Frustrationstoleranz zu erwerben und auszubauen, sollte mit eine Aufgabe der Erziehung zur autonomen und selbstsicheren Persönlichkeit sein" (SCHÜTTLER-JANIKULLA 1972, S. 37).

Eine emanzipatorische Erziehung scheint uns dies nicht zu fördern; denn durch den Hinweis auf Konflikte, die sich nicht lösen lassen, wird mit Sicherheit kein Kind "zur Veränderung konkreter Lebenssituationen" befähigt; das soll aber emanzipatorische Erziehung nach SCHÜTTLER-JANIKULLAs eigenen Worten (S. 17) gerade leisten, um den Anspruch zu erfüllen, den er mit der Beschreibung "dieser neuen, sachorientierten, humaneren, demokratischen Erziehung in Elternhaus, Kindergarten und Schule" (S. 17) aufstellt.

3.7 4 Die Emanzipation bei SCHÜTTLER-JANIKULLA

Welchen Stellenwert aber emanzipatorische Erziehung tatsächlich für SCHÜTTLER-JANIKULLA hat und in welchem Rahmen er sie sieht, mag aus einem Hinweis deutlich werden, den er zur Arbeit an den Hauptbildern gibt:
"Erwähnen möchten wir auch die Möglichkeit des Zerschneidens der Hauptbilder, weshalb jeweils auf der Rückseite der Bilder entsprechende Schnittlinien angegeben sind." Er schlägt im Anschluß an das Zerschneiden Puzzlespiele mit den Bildteilen vor. "Außerdem, und das möchten wir betonen, dient das Zerschneiden der Bilder ebenfalls der emanzipatorischen Erziehung." (SCHÜTTLER-JANIKULLA 1972, S. 19). SCHÜTTLER-JANIKULLA möchte hier das Zerschneiden der Bilder gleichsetzen mit "Sachverhalte nicht als gegeben hinzunehmen"; das Wieder-Zusammensetzen führe zu autonomem Verhalten in künftigen Lebenssituationen.

Nun darf das Kind die Bilder aber nur an den vorgegebenen Linien auseinanderschneiden, und das Zusammensetzen kann auch nicht auf individuelle, neu gestaltende Weise erfolgen, sondern kann stets nur wieder das ursprüngliche Bild ergeben. Wenn auch solche Puzzlespiele grundsätzlich durchaus ihre Funktion haben mögen, so ist es doch deutlich, daß sie hier nur eine formale Spielerei sind, die mit Emanzipation nichts zu tun hat, schon gar nicht in der von SCHÜTTLER-JANIKULLA vorgetragenen Weise.

Das Ziel der komplementären Sprachbildung, daß Kinder "sich in allen Situationen adäquater verhalten können" und befähigt werden sollen, "Sprache nicht nur als Kommunikationsinstrument zu verwenden, sondern zur konsequenten Veränderung der Umwelt einzusetzen", könnte mit dem vorliegenden Material vielleicht erreicht werden, allerdings nur dann, wenn man die Anweisungen und Vorschläge des Autors zur Bearbeitung der einzelnen Blätter ganz außer acht ließe. Vorschläge wie der Bandwurmsatz von der "kleinen Nina" sind zur Erreichung des oben angegebenen Ziels jedenfalls nicht geeignet.

3.8 Zusammenfassende Beurteilung von Klaus SCHÜTTLER-JANIKULLA

Bei aller Kritik an den Sprachprogrammen Klaus SCHÜTTLER-JANIKULLAs muß dennoch darauf hingewiesen werden, daß es sich bei seinen Programmen immer noch um die durchdachtesten und geglücktesten der uns bekannten handelt. Wenn wir uns dennoch so kritisch mit ihnen auseinandergesetzt haben, so deswegen, weil uns seine Methode, mit der er seine Käufer zu fangen versteht, unehrlich erscheint; weil er mit Ansprüchen auftritt, deren Erfüllung er seinen Käufern auferlegt und das hinter einer Diktion und Argumentationsweise zu verstecken weiß, die ihn scheinbar unangreifbar und allwissend macht; weil er genau der Typus ist, den Karl KRAUS (vor 3.6) beschrieben hat und damit seine Auflage in Millionenhöhe treibt. (Bezeichnend scheint uns auch, daß er sein früheres Programm neben dem neuen weiterlaufen läßt, ohne daß sie aufeinander aufbauen und das spätere immerhin in vielen Punkten Verbesserungen aufweist.)

Er ist auch durchweg bemüht, Kritik an seinem Programm gar nicht erst aufkommen zu lassen. Teilweise nimmt er sie vorweg und zeigt dann, wie er ihr begegnen zu können glaubt; an anderen Punkten versucht er, mögliche Kritikpunkte durch "Argumente" von vornherein zu entkräften. Daß ihm das nicht immer gelingen kann, soll beispielhaft am Hauptbild 4 gezeigt werden. Hierzu schreibt er: "Es wäre bei der Darstellung der Badezimmerszene ein Einwand denkbar etwa folgender Art: Nur wenige Kinder, besonders aus der Unterschicht, haben ein Badezimmer. Dies ist eine Aussage, die jedoch bei der permanenten Veränderung in den Wohnverhältnissen als relativ anzusehen ist. Man lese diesbezügliche Statistiken. Wir können dazu nur mitteilen, daß bei einer entsprechenden Befragung, die kürzlich bei den Kindern des Arbeiterbezirks Kreuzberg in Berlin stattgefunden hat, (...) immerhin 70 % dieser Kinder angaben, ein eigenes Zimmer zu besitzen (was sie jedoch mit Geschwistern noch häufig teilen müssen) und entweder zuhause ein Badezimmer zu haben oder bei Großeltern oder Verwandten schon einmal in der Badewanne gesessen zu haben. Im Zuge des sozialen Wohnungsbaues gehört ein Badezimmer, das wie hier sogar bewußt recht einfach gehalten worden ist, zu den sich immer mehr durchsetzenden Wohngegebenheiten, auch in der Grundschicht" (SCHÜTTLER-JANIKULLA 1972, S. 34). Diese Argumente sprechen für sich selbst. Der Hinweis, daß 70 % der Kinder schon einmal in einer Badewanne gesessen haben, ist mehr als zynisch. Als würden wir schon dadurch zum Jet-Set gehören, daß wir einmal in unserem Leben mit Neckermann nach Mallorca geflogen sind, also auch schon einmal in einem Düsenflugzeug gesessen haben. SCHÜTTLER-JANIKULLA macht's möglich.

Schließlich wollen wir es nicht versäumen, SCHÜTTLER-JANIKULLAs eigenen Sprachgebrauch daraufhin zu untersuchen, wie weit er geeignet ist, emanzipatorisch zu wirken oder "zur konsequenten Veränderung der Umwelt" zu befähigen.

Wir wollen hier nur ein Beispiel anführen:
Auf dem Schrebergartenbild (Hauptbild 8) sieht man im Vordergrund die Kinder mit ihren Großeltern im Schrebergarten arbeiten und spielen; sie fühlen sich offensichtlich sehr wohl. Auf dem Bild sind noch ein paar andere Schrebergartenhäuschen zu sehen, die im Hintergrund an die Stadt anschließen. Dort sind nun Arbeiter mit Kran und Planierraupe gerade damit beschäftigt, Bäume auszureißen und Gartenhäuschen niederzuwalzen, um ein "Projekt Trabantenstadt" zu verwirklichen.

Hierzu schreibt nun SCHÜTTLER-JANIKULLA: "Der Moloch Stadt frißt sich heute in die Welt der Gärten und der angrenzenden Felder, zerstört die Idylle, ebnet alles ein ..." (SCHÜTTLER-JANIKULLA 1972, S. 45). Hier bricht der gleiche ideologische Charakter der Sprache auf, wie er häufig auch in Deutsch- und Geschichtsbüchern zutage tritt. Da "brechen dann Kriege wie Naturkatastrophen über uns herein", "überfällt Hitler als große Tragödie die deutsche Nation", "passieren" Judenvergasungen.

So tritt durch Verben, die einen unbeeinflußbaren Vorgang und nicht eine konkrete menschliche Tätigkeit beschreiben, oder durch Nominalisierung von Sachverhalten die Frage nach den Ursachen und den Verursachern gar nicht erst auf. Aktivsätze wie z.B.: "Die Deutschen haben die Juden vergast" werden entweder in Passivsätze transformiert: "Die Juden wurden vergast" oder personalisiert, um zu entpersonalisieren: "Hitler hat die

Juden vergast", wobei dann von der Person Hitlers und seiner Wahl durch das deutsche Volk abstrahiert und ihm die Qualität eines "Molochs" zugeschrieben wird. "Moloch" wird damit zu einer entpersönlichten, schicksalhaften Größe, deren Entstehen nicht mehr auf gesellschaftliche Verhältnisse zurückgeführt zu werden braucht, es sei denn auf solche: "uns ging es damals allen dreckig, wir brauchten Arbeit", wobei hier dann ins Kollektiv geflüchtet wird, denn geteilte Schuld ist keine Schuld.
Es "geschieht" alles, "entsteht" irgendwie. Die schicksalhafte Größe des Molochs erscheint unbeeinflußbar und muß ihren Lauf zu Ende gehen. Sie ist konflikthaftes Geschehen, "für das eigentlich niemand verantwortlich zu machen ist und das in Sequenzen abläuft, in die man nicht oder kaum helfend eingreifen kann".

Wir haben zu Beginn dieses dritten Teils unserer Arbeit auf den Bruch zwischen diesem und dem zweiten Teil hingewiesen und unsere Kritik auf den wissenschaftlichen Kontext beschränkt, in den sich SCHÜTTLER-JANIKULLA selbst gestellt hat. Was im Anschluß hieran erfolgen müßte, von uns aber nicht mehr geleistet werden kann und dem Leser angelastet werden muß, ist, diese Verbindung zwischen dem zweiten und dem vorliegenden Teil dadurch herzustellen, daß die Relevanz der Sprachtrainingsprogramme für das Herausbilden von Ich-Identität untersucht wird.
Nicht, weil wir diese Programme für so wichtig halten, sondern weil sie, relativ unbemerkt von einer kritischen Öffentlichkeit, eine so große Verbreitung erfahren haben und dadurch Hoffnungen wecken und Energien freisetzen, die sinnvoller auf andere Weise genutzt werden könnten.

Literaturverzeichnis

Bei den genannten Arbeiten handelt es sich immer um die jeweilige Ausgabe mit der entsprechenden Auflage, die bei unserer Arbeit verwendet wurde. Bei Reprints (Sozialisierten Drucken) haben wir uns bemüht, nach den am weitesten verbreiteten zu zitieren. Die im Text befindlichen Zitate ohne Verfassernamen (z. B. Kapital I) sind immer unter MARX aufgeführt, und werden dort nicht nach dem Erscheinungsjahr, sondern alphabetisch geordnet.

ADORNO, Theodor W. 1955: Zum Verhältnis von Soziologie und Psychologie, in: Sociologica. Frankfurter Beiträge zur Soziologie, Band 1, München.
Bei uns zitiert nach dem Sozialisierten Druck

ADORNO, Theodor W. 1971: Erziehung zur Mündigkeit. Vorträge und Gespräche mit Hellmut Becker 1959-1969, Ffm

ALTVATER, Elmar und HUISKEN, Freerk 1971: Materialien zur politischen Ökonomie des Ausbildungssektors, Erlangen

ARMBRUSTER, Wolfgang 1971: Arbeitskräftebedarfsprognosen als Grundlage der Bildungsplanung. Eine kritische Analyse. Studien und Berichte des Max-Planck-Instituts für Bildungsforschung Nr. 23, Berlin

BAETHGE, Martin 1971: Ausbildung und Herrschaft, Ffm

BAETHGE, Martin 1972: Bildungsökonomie und politische Ökonomie des Ausbildungssektors, in: ZASS, Zeitschrift der Aktionsgemeinschaft der Studierenden der Sensomotorik 2/1972

BECKER, Egon und JUNGBLUT, Gerd 1972: Strategien der Bildungsproduktion, es 556, Ffm

BERGER, Wolfgang 1969: Zur Theorie der Bildungsnachfrage. Studien und Berichte des Max-Planck-Instituts für Bildungsforschung Nr. 19, Berlin

BERNSTEIN, Basil 1972: Studien zur sprachlichen Sozialisation, Düsseldorf

BITTNER, Günther 1969: Sprache und affektive Entwicklung, Stuttgart

BLOOM, Benjamin S. 1966: Stability and Change in Human Characteristics, New York

BLOOM, Benjamin S. 1972: Über das Testen kognitiver Fähigkeiten, in: Pädagogische Psychologie (hrg. v. Franz WEINERT, Köln, Berlin)

BRUDER, Klaus-Jürgen 1971: Taylorisierung des Unterrichts, in: Kursbuch 24, Berlin

CLAESSENS, Dieter 1969: Rollentheorie als bildungsbürgerliche Verschleierungsideologie, in: Spätkapitalismus oder Industriegesellschaft (hrg. v. Theodor W. Adorno), Berlin

EHLICH, Konrad u. a. 1971: Spätkapitalismus - Soziolinguistik - Kompensatorische Spracherziehung, in: Kursbuch 24, Berlin

EISENBERG, Peter und HABERLAND, Helmut 1972: Das gegenwärtige Interesse an der Linguistik, in: Argument 72/1972, Berlin

ERIKSON, Erik H. 1971: Kindheit und Gesellschaft, Stuttgart

FATKE, Reinhard 1971: Ist Intelligenz doch vererbbar? in: betrifft: erziehung 6/1971

FURTH, Peter 1971: Nachträgliche Warnung vor dem Rollenbegriff in: Das Argument 66, Berlin

GERHARDT, Uta 1972: Konflikt und Interpretation. Überlegungen über den Zusammenhang von Interpretation und Konflikt in der Rollenanalyse, in: Kölner Zeitschrift für Soziologie und Sozialpsychologie 2/1972, Köln

GREBING, Helga 1971: Geschichte der deutschen Arbeiterbewegung dtv 647, München

HABERMAS, Jürgen 1968: Thesen zur Theorie der Sozialisation, in: Arbeit, Erkenntnis, Fortschritt, Amsterdam 1970
bei uns zitiert nach dem Reprint

HABERMAS, Jürgen 1971: Einige Schwierigkeiten beim Versuch, Theorie und Praxis zu vermitteln, Einleitung zu: Theorie und Praxis, st 9, Frankfurt

HABERMAS, Jürgen 1971a: Vorbereitende Bemerkungen zu einer Theorie der kommunikativen Kompetenz, in: Habermas/Luhmann: Theorie der Gesellschaft oder Sozialtechnologie, Frankfurt

HABERMAS, Jürgen 1971b: Zwischen Philosophie und Wissenschaft: Marxismus als Kritik, in: Theorie und Praxis, st 9, Ffm

HÄNSEL, Dagmar und ORTMANN, Hedwig 1971: Kompensatorische Vorschulerziehung und sozialer Aufstieg, in: Zeitschrift für Pädagogik 4/1971, Weinheim

HAUG, Hans-Jürgen und MAESSEN, Hubert 1971: Was wollen die Lehrlinge, Fischer 1186, Stuttgart

HIRSCH, Joachim 1969: Wissenschaftspolitik im Spätkapitalismus, in: Das Argument 50, Berlin

HIRSCH, Joachim 1971: Wissenschaftlich-technischer Fortschritt und politisches System, es 437, Ffm

HOFMANN, Werner 1968: Universität, Ideologie, Gesellschaft, es 261, Ffm

HÜFNER, Klaus 1969: Traditionelle Bildungsökonomie und systemorientierte Bildungsplanung. Studien und Berichte des Max-Planck-Instituts für Bildungsforschung, Nr. 17, Berlin

HUISKEN, Freerk 1972: Zur Kritik bürgerlicher Didaktik und Bildungsökonomie, München

ISRAEL, Joachim 1972: Der Begriff der Entfremdung. Makrosoziologische Untersuchung von Marx bis zur Soziologie der Gegenwart, rde 359, Reinbeck bei Hamburg

JÄGER, Siegfried 1970: Theoretische und praktische Projekte zur kompensatorischen Erziehung in der BRD, in: Muttersprache 81

JANOSSY, Franz 1968: Das Ende der Wirtschaftswunder, Ffm

KJOLSETH, Rolf 1971: Die Entwicklung der Sprachsoziologie und ihre Implikationen, in: Kölner Zeitschrift für Soziologie und Sozialpsychologie, Sonderheft 15: Zur Soziologie der Sprache

KRAPPMANN, Lothar 1971: Familienerziehung, Sozialschicht und Schulerfolg. Neuere Rollenkonzepte als Erklärungsmöglichkeit für Sozialisationsprozesse, in: betrifft: erziehung 3/1971

KRAPPMANN, Lothar 1971a: Soziologische Dimensionen der Identität. Strukturelle Bedingungen für die Teilnahme an Interaktionsprozessen, Stuttgart

LANGEVELD, Martinus J. 1971: Über B.S. BLOOM: Stability and Change in Human Characteristics, in: Zeitschrift für Pädagogik 2/1970

MANDEL, Ernest 1972: Marxistische Wirtschaftstheorie, 2 Bände, es 595/596, Ffm

MARCUSE, Herbert 1968: Der eindimensionale Mensch, Neuwied

MARX-ARBEITSGRUPPE Historiker 1971: Schulungstext zur Kritik der politischen Ökonomie, Berlin

MARX, Karl und ENGELS, Friedrich: Die deutsche Ideologie Bücherei des Marxismus-Leninismus, Band 29, Ostberlin

MARX, Karl: Grundrisse der Kritik der politischen Ökonomie, Ffm

MARX, Karl: Das Kapital, Erster Band, MEW 23,1 Ostberlin

MARX, Karl: Ökonomisch-philosophische Manuskripte aus dem Jahre 1844, in: MEW Ergänzungsband I. Teil

MARX, Karl: Resultate des unmittelbaren Produktionsprozesses, Archiv sozialistischer Literatur 17, Ffm

MARX, Karl: Theorien über den Mehrwert, Erster Teil, MEW 26,1 Ostberlin

MOSER, Hugo 1972: Sprachbarrieren als linguistisches und soziales Problem, in: A. Rucktäschel (Hrg.): Sprache und Gesellschaft, München

NEELSEN, Karl 1971: Wirtschaftsgeschichte der BRD, Ostberlin

OEVERMANN, Ulrich und KRAPPMANN, Lothar und KREPPNER, K. 1968: Projektvorschlag: Elternhaus und Schule. Paper des Max-Planck-Instituts für Bildungsforschung, Berlin, mimeographiert

OEVERMANN, Ulrich 1970: Schichtenspezifische Formen des Sprachverhaltens und ihr Einfluß auf die kognitiven Prozesse, in: H. Roth (Hrg.): Begabung und Lernen, Gutachten und Studien der Bildungskommission, Band 4

OEVERMANN, Ulrich 1970a: Soziale Schichtung und Begabung, in: Zeitschrift für Pädagogik, 6. Beiheft 1966.
bei uns zitiert nach dem Sozialisierten Druck B. BERNSTEIN u. a.: Lernen und soziale Struktur, Amsterdam 1970

OEVERMANN, Ulrich: Sprache und soziale Herkunft, es 519, Ffm 1972

POSCH, Peter 1967: Der Lehrermangel, Weinheim

POSCH, Peter 1969: Lehrberuf und Lehrermangel, in: betrifft: erziehung 11/1969

RETTER, Hein 1971: Sprach- und Intelligenztraining durch "didaktische Materialien"?, in: Zeitschrift für Pädagogik 4/1971

RIESE, Hajo: Theorie der Bildungsplanung und Struktur des Bildungswesens, in: Konjunkturpolitik, Heft 5-6/1968

ROTH, Karl Heinz und KANZOW, Eckard 1971: Unwissen als Ohnmacht, Berlin

SCHÜTTLER-JANIKULLA, Klaus 1968: Arbeitsmappen zum Sprachtraining und zur Intelligenzförderung, Oberursel

SCHÜTTLER-JANIKULLA, Klaus 1971a: Einschulungsalter und Vorklasse, 51. Beiheft der Zeitschrift "Schule und Psychologie", München

SCHÜTTLER-JANIKULLA, Klaus 1971b: Kompetenz, wissenschaftliche Objektivität und Vorurteil, in: Evangelische Kinderpflege 22/1971

SCHÜTTLER-JANIKULLA, Klaus 1972: Begabung-Sprache-Emanzipation, Oberursel

SCHULZ, Gisela 1971: Satzkomplexität - ein zweifelhaftes linguistisches Kriterium, in: Diskussion Deutsch 3/1971

SCHUSSER, Gerhard 1971: Die problematische These Benjamin Blooms und ihre unkritische Übernahme in der Bildungspolitik, in: Zeitschrift für Pädagogik 4/1971

SPEICHERT, Hoerst 1972: Eine Umwelt zum Lernen, in: Schule ohne Klassenschranken, Reinbeck bei Hamburg

VALTIN, Renate 1972: Sprachförderung für Vorschulkinder und Schulanfänger, in: betrifft: erziehung 5/1972

Interesse · Handeln Erkennen in der Schule

Wie sich die Veränderung in der Schule aus ihren Widersprüchen ableitet

Iris Mann

Mit 12 Illustrationen von Monika Tittmann-Schuchert

das buch für kinder, eltern + lehrer

theorie + praktische kritik **10** edition »2000

Schulreform in den Westzonen

Überlegungen zu einer Kritik des Qualifikationsbegriffes in der politischen Ökonomie des Ausbildungssektors

Fred E. Schrader
Ursula Schrader-Wälke

theorie + praktische kritik **16** edition »2000

Kritik der Sonderpädagogik

Zur politischen und ökonomischen Funktion der Sonderschule für Lernbehinderte

Die scheinbare und wirkliche Funktion des Intelligenztests im Sonderschulüberweisungsverfahren

Zum Problem der Aggressivität in der heilpädagogischen Literatur

Über das Erfordernis einer Neuorientierung der Didaktik der Schule für Lernbehinderte unter dem Aspekt der Emanzipation

Verfaßt von Mitgliedern der Studiengangseinheit Heil- und Sonderpädagogik der Universität Marburg

edition »2000